Holt Spanish 2

Cuaderno de
vocabulario y gramática

HOLT, RINEHART AND WINSTON

A Harcourt Education Company

Orlando • **Austin** • New York • San Diego • Toronto • London

ISBN 0-03-074497-0

3 4 5 6   170   06

Table of Contents

Familiares y amigos

1 Mira los dibujos y decide cómo es cada persona o cada grupo. Completa cada oración con la palabra más apropiada.

extrovertidos	rubias	una bicicleta	morenos	serios
una silla de ruedas	atlético	activos	alto	castaños

1. María está en _____.

2. Rubén es _____ y su hermano es bajo.

3. Soy _____.

4. Cristina y Noelia son _____.

5. A ellos les gusta charlar. Son _____.

Cuaderno de vocabulario y gramática

2 Adriana pregunta qué les gusta hacer a sus amigos. Escribe la letra de la oración más apropiada según el contexto.

_____ 1. Les gustan los deportes.

_____ 2. Les gusta quedarse en casa.

_____ 3. Prefieren pasar el rato solos.

_____ 4. Les encanta ir de compras.

_____ 5. Prefieren jugar al tenis.

_____ 6. Les gusta ir a fiestas.

a. Los amigos se reúnen para bailar y hablar.

b. Carla y Gema van al centro comercial.

c. Rubén y Marcos juegan al béisbol y al fútbol americano.

d. Juan y Laura leen revistas y estudian en sus cuartos.

e. A María y a Patricia no les gusta salir. Ven películas en la televisión.

f. A Laura y a Adrián no les gusta la televisión, pero les gusta hacer ejercicio.

3 Manuel y Rosa son compañeros de clase. Completa la conversación con las expresiones del cuadro.

¿Cómo son tus padres?	¿Cómo eres tú?	ven películas	soy
¿Qué haces todas las mañanas?	los fines de semana	me levanto	serio
¿Qué hacen tus amigos los fines de semana?		te levantas	alta

Rosa Yo (1)_____ extrovertida.

(2)_____

Manuel Soy muy (3)_____ como mi

papá y generoso como mi mamá.

(4)_____

Rosa Mi papá es muy activo y mi mamá también. Como ellos, yo

(5)_____ a las 7:00 todas

las mañanas. (6)_____

Manuel Todas las mañanas me levanto temprano, pero

(7)_____ me levanto tarde

y luego veo a mis amigos.

(8)_____

Rosa Juegan al ajedrez o (9)_____.

4 Ayuda a Mario a describir a su familia. Escoge la palabra que mejor completa cada oración.

_____ **1.** Mi padre trabaja en el jardín. Es _____.
    a. activo   **b.** alto   **c.** extrovertido

_____ **2.** Yo soy moreno, pero mis hermanas no. Ellas son _____.
    a. bonitas   **b.** rubias   **c.** simpáticas

_____ **3.** Mi madre prefiere estar con mucha gente y tiene muchos amigos. Es _____.
    a. extrovertida   **b.** bonita   **c.** alta

_____ **4.** Mi tío practica deportes todos los días. Es _____.
    a. tímido   **b.** atlético   **c.** introvertido

_____ **5.** A mi abuela le encantan los juegos de mesa. Ella juega al _____.
    a. tenis   **b.** fútbol americano   **c.** ajedrez

5 Contesta estas preguntas sobre ti, tu familia y tus amigos.

1. ¿Qué te gusta hacer los fines de semana?

_____

2. ¿Cómo eres?

_____

3. ¿Cómo son tus padres?

_____

4. ¿Te gusta más ir al cine o ver televisión?

_____

5. Y a tus amigos, ¿qué les gusta hacer?

_____

6. ¿Cómo es tu mejor amigo(a)?

_____

7. A tu mamá, ¿le gusta más leer o ir de compras?

_____

3

Familiares y amigos

Nouns and adjectives

• Adjectives must agree in gender and number with the nouns they modify. Adjectives that end in **-o** or **-r** can modify masculine nouns and adjectives that end in **-a** or **-ra** can modify feminine nouns. Adjectives that end in **-e** or other consonants can modify either masculine or feminine nouns.

• To form the plural of adjectives and nouns, add **-s** to a vowel or **-es** to a consonant.

6 Sandra describe lo que le gusta hacer a su familia. Escoge la forma correcta de los verbos entre paréntesis para completar cada frase.

   1. A mí _____ (me gusta / me gustan) los deportes.

   2. A mi hermano _____ (le gusta / les gusta) ir al cine.

   3. A ellos no _____ (le gustan / les gusta) quedarse en casa.

   4. A Carlos y a mí _____ (nos gusta / nos gustan) la música clásica.

   5. A ustedes _____ (le gustan / les gustan) los videojuegos.

7 Lee la nota que escribió María sobre su familia y después, contesta las preguntas con frases completas.

Soy María y les voy a hablar de mi familia. Mi hermano mayor es Juan y mi hermana menor es Patricia. Juan es muy atlético y le gusta jugar al tenis y al fútbol americano. Patricia es muy tímida. Por eso ella prefiere pasar el rato sola leyendo revistas. Yo soy muy activa, y me encanta trabajar en el jardín con mi madre los fines de semana. Los tres hermanos somos altos, como mi padre, pero tenemos los ojos de color café, como mi madre.

   1. ¿Cuál de los tres hermanos es el mayor?

   _____

   2. ¿Cómo es la hermana menor de María?

   _____

   3. ¿Qué tienen en común (*in common*) los hermanos y su padre?

   _____

   4. ¿Qué tienen en común los hermanos y su madre?

   _____

   5. Qué prefiere hacer Patricia?

GRAMÁTICA 1

Present tense of regular verbs

• Remember to form the present tense by replacing the **-ar, -er, -ir** endings with the appropriate ending for each subject.

8 Mónica habla por Internet con Claudia sobre lo que hace en el colegio. Completa el párrafo con la forma correcta del verbo entre paréntesis.

Por la mañana yo **(1)**_____ (asistir) a clases. Mis amigas y yo

(2)_____ (hablar) con los profesores sobre la tarea. Después, mi mejor

amiga **(3)**_____ (comer) su almuerzo y **(4)**_____ (tomar) leche

y ella y yo **(5)** _____ (hablar) un momento. Después de las clases,

algunos compañeros **(6)**_____ (nadar) en la piscina del colegio y otros

(7)_____ (correr). Yo **(8)**_____ (montar) en bicicleta para

regresar a casa. Y tú, Claudia, ¿**(9)**_____ (montar) en bicicleta o

(10)_____ (caminar) para llegar a casa?

Present tense of stem-changing verbs

• Remember that some verbs have a stem change in the present tense (**o>ue, u>ue,** and **e>ie**). The **nosotros** and **vosotros** forms do not have stem changes.

9 José habla contigo y con otros compañeros de sus actividades después de las clases. Completa las oraciones con la forma correcta del verbo más adecuado. Puedes usar cada verbo más de una vez.

jugar	dormir	preferir	poder	pensar	empezar	querer

1. A Tomás y a mí no nos gusta el autobús. _____ caminar.

2. Nosotros _____ al fútbol cuando hace buen tiempo.

3. Cuando llueve ellos _____ jugar al ajedrez.

4. Tú _____ la tarea temprano.

5. Joaquín no _____ descansar después de las clases.

   _____ leer.

6. Mis compañeros _____ que trabajar en el jardín es divertido. Yo

   _____ que es aburrido.

7. Tú _____ la siesta al llegar a casa.

Cuaderno de vocabulario y gramática

5

Present tense of e>i and other irregular verbs

- Remember that in the present tense, **pedir** and **servir** change the letter **e** to **i** in all forms except **nosotros** and **vosotros**. The verbs **salir, poner, hacer, traer, saber, venir,** and **tener** have an irregular **yo** form.

---

10 Ricardo quiere saber qué hacen tú y tus amigos durante la semana. Contesta sus preguntas con frases completas.

1. Cuando estás muy cansado(a) por las mañanas, ¿qué haces?

   _____

2. ¿Sabes cocinar algún plato mexicano?

   _____

3. ¿Qué música pone tu mejor amiga para estudiar?

   _____

4. ¿Qué piden tus amigos para beber en la cafetería del colegio?

   _____

5. Mis amigos y yo traemos CDs al colegio. ¿Qué traes tú?

   _____

11 Usa la información abajo para escribir oraciones completas indicando qué hacen Ana, Luis, Laura y tú los fines de semana.

MODELO Yo / levantarse / las siete y media
Yo me levanto a las siete y media.

1. Laura / secarse / el pelo después de bañarse

   _____

2. Yo / bañarse / las nueve y media.

   _____

3. Ana y Laura / lavarse / antes de salir de casa.

   _____

4. Laura y Luis / levantarse / las ocho

   _____

5. Luis y yo / acostarse / temprano

   _____

Familiares y amigos

12 La familia Rodríguez se prepara para celebrar el cumpleaños de la abuela.
Completa lo que dice el abuelo con la palabra más apropiada.

1. Esta noche _____ (vamos / tenemos) a celebrar el cumpleaños de la abuela.

2. Papá _____ (es / está) ocupado.

3. Está _____ (ayudando / decorando) el patio.

4. Mamá está preparando _____ (el desayuno / la cena).

5. Todos tenemos que _____ (limpiarla / ayudarla).

6. Nosotros vamos a _____ (sacar / limpiar) los cuartos.

13 Mónica y su familia van de vacaciones. Di qué piensan hacer escribiendo la letra
de la frase más apropiada según el contexto.

MODELO
A Mónica y a su familia les gustan los árboles y los jardines. Piensan __f__.

A Mónica y a su familia...

1. les gustan los animales. Piensan _____.

2. les gusta el arte. Piensan _____.

3. les gusta caminar por las calles.

   Piensan _____.

4. les gustan los tamales, las flores y los

   dulces. Piensan _____.

5. les gusta el agua. Piensan _____.

a. visitar un museo
b. pasear en bote
c. ir a conocer el centro
d. ir al zoológico
e. ir de compras al mercado
f. ir a conocer el parque

14 Completa estas oraciones sobre lo que hace la familia Gómez el sábado. Usa la palabra adecuada del cuadro. No vas a utilizar todas las palabras.

quiero	mercado	comida	olvides	puedo	conocer	césped

MODELO No te **olvides** de limpiar el cuarto.

1. Vamos a _____ el centro de la ciudad.

2. Yo quiero ir de compras al _____.

3. Mi hermano se queda en casa. Necesita cortar el _____.

4. Mi madre también está en casa. Ella está preparando la _____.

5. Mi padre le pregunta: ¿_____ ayudarte?

15 Unos amigos hablan sobre sus planes después de las clases. Responde a sus preguntas con la palabra o expresión más apropiada entre paréntesis y otros detalles para formar una frase completa.

MODELO
¿Qué quieres hacer esta tarde?
Quiero ir a la playa. (adónde / quiero)

1. ¿Adónde piensan ir esta noche tú y tus amigos?

_____ (vamos / ayudamos)

2. ¿Prefieres ir al centro o a visitar un museo?

_____ (prefiero / necesito)

3. ¿Qué te gusta ver en la televisión?

_____ (me levanto / me encanta)

4. ¿Adónde piensan ir tú y tu familia el fin de semana?

_____ (tenemos ganas / no estamos)

5. ¿Tienes planes para esta tarde?

_____ (no te olvides / no sé)

16 Carmen pregunta a su mamá cómo puede ayudarla. Di qué debe hacer usando las palabras entre paréntesis.

MODELO

¿Qué hay que hacer en la cocina? (tener / sacar la basura)

Tenemos / Tienes que sacar la basura.

1. ¿Qué hay que hacer? (tener / limpiar el baño)

_____

2. ¿Puedo ayudarte? (sí / sacar la basura)

_____

3. ¿Qué hay que hacer en la cocina? (deber / poner la mesa / lavar los platos)

_____

4. ¿Qué más tengo que hacer? (deber / poner / postre / refrigerador)

_____

5. ¿Qué más hago? (pasar / aspiradora / sala)

_____

6. ¿Algo más? (sí / no olvidarse / cortar / césped)

_____

17 Contesta estas preguntas sobre tus quehaceres.

1. ¿Prefieres pasar la aspiradora o sacar la basura?

_____

2. ¿Te gusta más ayudar en la cocina o trabajar en el jardín?

_____

3. ¿Qué quehaceres tienes que hacer todos los días?

_____

4. ¿Qué haces los fines de semana para ayudar a tus padres?

_____

5. ¿Tienes que limpiar tu cuarto?

_____

9

Familiares y amigos

GRAMÁTICA 2

Tener expressions and verbs followed by infinitives

- The verb **tener** is used in many common expressions that express physical or emotional states. **Tener** + **que** expresses obligation and is followed by an infinitive.

- **Deber, poder, pensar, preferir, querer,** and **gustar** can also be followed by an infinitive.

---

18 Ricardo tiene un problema y habla con José Manuel. Completa las oraciones con el verbo o la expresión entre paréntesis más apropiada.

— (**1**)_____ (Tengo que / Tengo) ir al partido, pero no quiero ir.

— ¿No te gusta (**2**)_____ (jugar / juegas) al fútbol?

— Me encanta, pero también (**3**)_____ (tengo prisa / tengo que) porque

tengo un examen de español. Prefiero (**4**)_____ (estudiar / estudio).

— (**5**)_____ (Deber / Debes ir) al partido de fútbol.

— No puedo (**6**)_____ (hacer / hago) las dos cosas. Además,

(**7**)_____ (tengo sueño / tengo frío) y el fútbol termina muy tarde.

No puedo, de verdad.

— Sí, puedes. (**8**)_____ (Pienso ir / Pienso voy) contigo.

The present progressive

- The present progressive is formed with a conjugated form of **estar** followed by the present participle. The present participle is formed by adding **-ando** to most **-ar** verbs and **-iendo** to most **-er** and **-ir** verbs.

- In some cases, change **i** to **y** between vowels: **leer → leyendo, caer → cayendo.**

---

19 Un grupo de estudiantes está en la biblioteca. Completa las oraciones con la forma del presente progresivo de los verbos entre paréntesis.

1. Unos estudiantes _____ (esperar) para entrar.

2. Nosotros _____ (hacer) cola para usar la computadora.

3. Un señor _____ (aprender) a usar la computadora.

4. Unos niños _____ (escribir) unas cartas.

5. Yo _____ (leer) mi libro de ciencias.

GRAMÁTICA 2

Ir a with infinitives, direct object pronouns

- To say what you or others are going to do, use **ir a** with an infinitive.

  Mañana vienen mis abuelos. **Van a estar** unos días con nosotros.

- Use direct object pronouns to replace nouns and avoid repetition.

me	nos
te	os
lo / la	los / las

---

20 Susana habla de lo que van a hacer ella y su familia el próximo fin de semana. Completa las oraciones usando **ir a** + infinitivo *(infinitive)*.

MODELO Mis tías **van a comer** en el restaurante "El Sol".

1. Mi hermano _____ en la piscina del club.

2. Mi prima _____ el piano durante el concierto.

3. Mi mamá _____ un viaje a México.

4. Mi hermana _____ para el examen de francés.

5. Tú _____ de compras con mamá.

6. Yo tengo ganas de descansar. _____.

21 Manuel pregunta lo que estás haciendo o lo que vas a hacer. Contesta las preguntas. Sigue el modelo.

MODELO ¿Estás haciendo la tarea? **Sí, la estoy haciendo. / Sí, estoy haciéndola.**

1. ¿Vas a invitar a Juan y Alberto a tu casa?

   _____

2. ¿Vas a ayudar a tu mamá a poner la mesa?

   _____

3. ¿Estás leyendo ese libro?

   _____

4. ¿Vas a llevar las flores a la fiesta?

   _____

Cuaderno de vocabulario y gramática

GRAMÁTICA 2

Affirmative and negative informal commands

- To form the informal affirmative command, drop the **-s** of the **tú** form of the verb. If there is a direct object pronoun, attach it to the end of the command.

- To form an informal negative command, take the **yo** form of the verb and drop the **-o**. If the verb ends in **-ar**, change the ending to **-es**. If it ends in **-er** or **-ir**, change the ending to **-as** (**comer → comas**). Put the word **no** in front and place the direct object pronoun in between **no** and the verb.

  Verbs with irregular informal negative commands:

  dar → no des   **estar → no estés**   **ir → no vayas**   **ser → no seas**

  Verbs ending in **-car, -gar, -zar** have the following spelling changes:

  tocar → no toques   **llegar → no llegues**   **empezar → no empieces**

---

22 Elisa habla con su hermano. Sigue el modelo para completar las oraciones.

MODELO Lees el libro muy rápidamente. **Léelo** despacio, por favor.

1. Bebes mucha leche todo el día. _____ después de cenar.

2. Cantas muy bien la canción. _____ en la fiesta.

3. Miras las flores en el jardín. _____ en el patio.

4. Dibujas los animales de color negro. _____ de colores.

5. Sirves el chocolate a tu abuela. _____ con el postre.

23 La abuela siempre tiene que decirle "no" a Raúl, su nieto de siete años. Completa las oraciones. Sigue el modelo.

MODELO romper los juguetes **No los rompas.**

1. saltar *(to jump)* en la cama _____

2. ir al cine solo _____

3. limpiar el baño _____

4. correr en la piscina _____

5. llegar tarde a clase _____

6. ser travieso _____

7. comer dulces _____

8. tocar la guitarra por la noche _____

En el vecindario

1 Margarita quiere saber qué hacen sus vecinos. Escribe la letra de la oración que corresponda según el contexto.

_____ 1. cocinera

_____ 2. ingeniero

_____ 3. banquera

_____ 4. bombero

_____ 5. periodista

_____ 6. enfermera

_____ 7. conductor

_____ 8. peluquero

a. La señora Rodríguez cuida a los enfermos.
b. El señor Pérez conduce el camión de bomberos.
c. María prepara comida.
d. La señorita Ramírez presta dinero.
e. Raúl construye edificios.
f. Ricardo escribe reportajes (news reports).
g. Roberto apaga incendios.
h. Antonio trabaja en un salón de belleza.

2 ¿A qué se dedican estas personas? Escribe tu respuesta a cada pregunta.

MODELO Ayudo a la gente. Trabajo con los bomberos. ¿Quién soy? **el policía / la mujer policía**

1. Trabajo en una oficina. Escribo cartas, organizo la oficina y ayudo a otros en su trabajo. ¿Quién soy? _____

2. Si quieres mandar una carta, yo te ayudo. ¿Quién soy? _____

3. Si necesitas cortarte el pelo, yo te puedo ayudar. ¿Quién soy? _____

4. Yo ayudo al médico y cuido a los enfermos. ¿Quién soy? _____

5. Me gusta construir edificios y casas. ¿Quién soy? _____

6. Yo arreglo carros. ¿Quién soy? _____

7. Trabajo en un colegio pero no soy profesor. Visito a los niños en sus casas. ¿Quién soy? _____

VOCABULARIO 1

3 La señora Ruiz quiere información sobre sus vecinos y le pregunta a la señora Pérez a qué se dedican. Completa las respuestas de la señora Pérez con las expresiones del cuadro.

vender y comprar	dar consejos	cuidar a los enfermos
enseñar matemáticas	preparar comida	prestar y contar dinero
diseñar páginas Web	conducir camiones	arreglar carros
cortar el pelo	sacar fotos	escribir libros
		cuidar los dientes

MODELO —¿A qué se dedica la vecina de la casa azul?
—Es peluquera. Sabe **cortar el pelo.**

1. —¿Qué clase de trabajo realiza el señor Gómez?

   —Es mecánico. Sabe _____.

2. —¿A qué se dedica el señor Zorrilla?

   —Es conductor. Sabe _____.

3. —¿A qué se dedica la señora Soto?

   —Es cocinera. Sabe _____.

4. —¿Qué clase de trabajo realiza la señorita Ruiz?

   —Es dentista. Sabe _____.

5. —¿A qué se dedica el vecino de al lado?

   —Es comerciante. Sabe _____.

6. —¿Qué clase de trabajo realiza tu hijo?

   —Es programador. Sabe _____.

7. —¿A qué se dedica la señorita López?

   —Es profesora. Sabe _____.

8. —¿Qué clase de trabajo realiza Marta?

   —Es trabajadora social. Sabe _____.

9. —¿Qué clase de trabajo realiza el señor Ramírez?

   —Es médico. Sabe _____.

10. —¿A qué se dedica tu esposo?

    —Es banquero internacional. Todos los días tiene que

    _____.

14

4 Mira los dibujos y escribe cuál es el oficio de cada persona.

  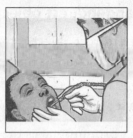 

1. _____ 2. _____ 3. _____ 4. _____

5. _____ 6. _____ 7. _____ 8. _____

5 Víctor acaba de mudarse al *(move to the)* vecindario y Raquel le presenta a los vecinos. Completa la conversación con las expresiones del cuadro.

me llamo Víctor Prieto	a los vecinos	al vecindario
el gusto es mío	encantado de conocerte	presentarte
te gusta	te presento a	

Víctor Hola, Raquel. ¿Conoces (1)_____?

Raquel Sí. Ahora quiero (2)_____ a mi vecina

de la casa de al lado, Susy Alvarado.

Víctor Mucho gusto, Susy. Acabo de mudarme (3)_____.

Susy (4)_____.

Raquel (5)_____ mi amiga y vecina Rosario.

Víctor Hola, (6)_____, Rosario. Yo

(7)_____.

Rosario Hola, Víctor. (8)¿_____ el vecindario?

Víctor Sí, me gusta mucho.

En el vecindario

Indirect objects and indirect object pronouns

- In a sentence, the **indirect object** is the person who *receives* the direct object or who benefits from the action of the verb. Always use the preposition **a** before the indirect object.

  El comerciante **le** vendió calculadoras **a las secretarias.**

- An **indirect object pronoun** takes the place of the indirect object noun or goes with it in the same sentence.

  Un carpintero **le** hizo una silla a **Margarita.**
  Un carpintero **le** hizo una silla.

- Place **indirect object pronouns** in the same way you would place reflexive pronouns and direct object pronouns.

me *me*	nos *us*
te *you*	os *you*
le *you, him, her*	les *you, them*

  Ayúda**me** a escribir una carta.

---

6 Completa las oraciones con el pronombre del complemento indirecto apropiado *(indirect object pronoun)*. Sigue el modelo.

MODELO El abogado **les** da consejos a los profesores.

1. La profesora _____ lee un libro a los niños.

2. El cartero _____ trae el correo a ti.

3. El comerciante _____ puede enseñar a José a vender.

4. El periodista _____ contó la noticia *(the news)* a Olga y a mí.

5. Las enfermeras _____ dan las medicinas *(medicine)* a los enfermos.

6. La programadora _____ puede prestar la computadora a mí.

7. El conductor siempre _____ dice «buenos días» a la gente.

8. La secretaria del colegio _____ vende útiles a los estudiantes.

9. Le gusta contar_____ chistes a mí.

10. Prepára_____ el desayuno a tu hermano.

GRAMÁTICA 1

> **Indirect objects and indirect object pronouns; *dar* and *decir***
> - **Indirect objects** are used with verbs such as **dar** and **decir.** These verbs are for giving or telling something to someone.
>
>   Ángel no **le** dice nada a **Mariana.**   Luis **me** da su libro.

7 Roberto escribe lo que hacen las personas en sus oficios. Completa las oraciones con el pronombre apropiado y la forma correcta de **dar** o **decir.**

MODELO La enfermera **le da** una toalla al médico.

1. Los dentistas _____ a los niños: «Lávense bien los dientes.»

2. El peluquero _____ (a mí) cómo lavarme el pelo.

3. Las cocineras de la cafetería _____ pastel a Luis y a mí.

4. Yo, que soy mecánico, _____ (a ti) que tu carro tiene problemas.

5. Nosotras _____ las gracias a los vecinos por ayudarnos.

6. El ingeniero _____ los diseños (*designs*) a los carpinteros.

> ***Saber* and *conocer***
> - **Saber** and **conocer** mean *to know*. Both have irregular present tense **yo** forms.
> - Use **saber** to say that you know a fact or some information or to say you know how to do something.
>
>   —¿**Sabes** dónde está el colegio?   —No, no **sé** dónde está.
>   —¿**Sabe** usted hablar francés?   —Sí, **sé** hablar un poco.
> - Use **conocer** to say whether you know people, places, or things.
>
>   —¿**Conoces** el centro comercial?   —Sí, y **conozco** a un comerciante allí.

8 Completa el diálogo de Susana y Raúl con la forma correcta de **saber** o **conocer.**

—Susana, ¿**(1)**_____ a todos los vecinos?

—Yo no los **(2)**_____ a todos. Pero los señores Garza **(3)**_____

cómo se llaman todos y los **(4)**_____ muy bien. ¿Y tú, **(5)**_____

bien tu vecindario?

—Sí, **(6)**_____ dónde están el colegio, el mercado y la oficina de

correos. ¿**(7)**_____ a la hija de la señora Pérez? Va a ser mi vecina.

—Sí, cómo no. Es muy inteligente, **(8)**_____ hablar tres idiomas.

Cuaderno de vocabulario y gramática

Uses of *ser*, adjectives of nationality

Use the verb **ser** to

• tell time and say at what time something happens.

> **Son** las tres.
> El partido **es** a las cuatro.

• say what belongs to someone.

> Ése **es** mi libro.

• say who or what someone or something is.

> Maribel **es** periodista.
> Ésa **es** la oficina donde trabaja.

• say what someone is like.

> Maribel **es** bonita.

• say where someone is from and describe someone's nationality.

> Mi familia y yo **somos** de El Salvador. Mi vecina **es** chilena.

9 Lee lo que escribió una estudiante. Luego contesta las preguntas. Usa el verbo **ser** en tus respuestas.

Me llamo Alicia Rodríguez. Estudio en el colegio Mi Patria. Mi familia es de Perú. Somos mis padres, mis dos hermanos y yo. Mi padre tiene un taller. Sabe arreglar carros. Mi madre es de México y trabaja como secretaria en el taller de mi padre. Mis hermanos, Miguel y Raúl, son mayores que yo. Miguel es ingeniero y Raúl es médico. A mi familia y a mí nos gusta ir a la playa los fines de semana.

1. ¿A qué se dedica Alicia Rodríguez? _____.

2. ¿Qué es "Mi Patria"? _____.

3. ¿De dónde son sus hermanos? _____.

4. ¿Y su madre? _____.

5. ¿Cuántos son en su familia? _____.

6. ¿A qué se dedica su padre? _____.

7. ¿Qué clase de trabajo realiza su madre? _____.

8. ¿De quién es el taller donde trabaja? _____.

En el vecindario

10 Tacha *(cross out)* lo que NO pertenece a cada parte de la casa.

1. **sala**	2. **habitación**	3. **baño**	4. **cocina**
sillón	cómoda	televisor	inodoro
ducha	estante	inodoro	estufa
mesita de	cuadros	fregadero	lavaplatos
noche	lavabo	bañera	fregadero
lavaplatos	estufa	lavabo	sillón
lámpara	techo	ducha	alfombra

11 Describe la habitación del dibujo. Usa las palabras del cuadro.

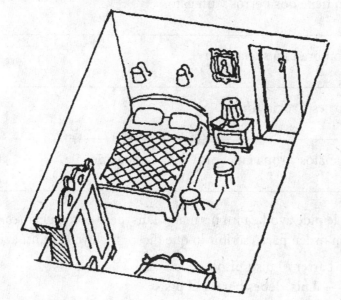

pequeña	a la derecha	a la izquierda
enfrente	entre	encima de
piso	cuadro	sillón

La habitación es (**1**)_____. Hay una mesita de noche

(**2**)_____ de la cama. Hay una cómoda (**3**)_____ de

la cama. La cama está (**4**)_____ la pared y la mesita de noche. La

pared está (**5**)_____ de la cama. Hay un (**6**)_____ en

la pared y una lámpara (**7**)_____ la mesita de noche.

VOCABULARIO 2

12 En la casa de Emilio hay mucho desorden *(disorder)*. Escribe lo que **hay que** hacer para organizarla.

MODELO La basura está en la cocina.
      Hay que sacar la basura.

1. En la habitación de Emilio hay estantes y mesitas de noche, pero tienen polvo *(dust)*.
_____

2. La mamá de Emilio tiene muchas plantas.
_____

3. Emilio tiene dos perros y un gato.
_____

4. La alfombra está sucia *(dirty)*.
_____

5. La ropa está sucia *(dirty)*.
_____

6. Hay zapatos y ropa en el piso de la habitación.
_____

13 Mi mamá le pide ayuda a mi hermano Luis, pero él se queja *(complains)*. Pon las palabras en orden para escribir lo que dicen. Incluye la puntuación correcta.

MODELO barrer / Luis / piso / debes / el
      —Luis, debes barrer el piso.

1. mamá / ay / harto / los /quehaceres / de / estoy
___ _____

2. sacudir / que / muebles / los / hay / sala / la / de
___ _____

3. qué / ay / pesado / veces / ya / mil / lo / hice
___ _____

4. favor / haz / el / las / regar / jardín / de / plantas / del / también
___ _____

5. es / justo / no / nunca / regarlas / Julieta / le / a / toca
___ _____

14 Mira el dibujo. Imagina que ésta es tu casa y un amigo te visita por un fin de semana. Dile dónde están las cosas. Usa las expresiones del cuadro.

en
cerca de
a la izquierda de
al lado de
a la derecha de
delante de

1. ¿Me dices dónde están la lavadora y la secadora? _____

2. ¿Me dices dónde está el televisor? _____

3. ¿Me dices dónde está la aspiradora? _____

4. ¿Me dices dónde está el jabón para lavar los platos?

_____

5. ¿Me dices dónde está la cocina? _____

15 Ahora, describe tu casa. Usa **es, hay** y expresiones como las del cuadro de arriba.

1. Mi habitación _____

_____

_____

2. El baño _____

_____

_____

3. La sala _____

_____

_____

4. La cocina _____

_____

_____

En el vecindario

Ser and *estar*

Use **ser** to...

• say where something takes place.

    La clase de francés **es** en la biblioteca.

• describe characteristics of someone or something.

    Carolina **es** guapa y simpática.

Use **estar** to...

• say what is going on right now.

    Eduardo **está comiendo** una ensalada.

• say where someone or something is.

    Cristina **está** en la piscina.

• say how someone feels or how food tastes.

    Jesús **está** cansado.

    Ese pollo **está** bueno.

---

16 Jorge charla con sus amigos sobre su familia y su casa nueva. Completa las oraciones con las formas correctas de los verbos **ser** o **estar.**

    MODELO Mi casa **es** bastante grande. **Está** enfrente de un parque.

    1. Mi habitación _____ en el primer piso. La pared _____ de color blanco y azul.

    2. Mi papá _____ muy trabajador. _____ construyendo un cuarto para la lavadora.

    3. Mi mamá _____ comprando muebles para la sala. Ella _____ activa.

    4. Mi hermana _____ contenta hoy porque la reunión con sus amigas _____ en la casa de al lado.

    5. Yo _____ aprendiendo a cocinar. Hoy preparé arroz. Mi hermano dice que _____ muy rico.

Some expressions followed by infinitives

To say what someone has to do:

• use the verbs **deber** or **tener que** with an infinitive.

Debes organizar el estante.   **Tenemos que lavar** la ropa.

• use the expression **me/te/le/nos/les toca** with an infinitive.

A ustedes **les toca barrer** la sala y a mí **me toca sacudir** los muebles.

To say what has to be done:

• use the expressions **hay que, favor de,** and **hacer el favor de** with an infinitive.

Hay que lavar la ropa.   **Favor de / Haz el favor de sacar** la basura.

---

17 Mira la siguiente tabla. Escribe qué quehaceres le toca hacer a cada persona en la casa de la familia González. Usa las expresiones **deber, tener que** y **me/te/le/nos/les toca.**

	Carolina	Mamá	Papá	Yo
lavar la ropa		X	X	
sacar la basura	X			
darle de comer al perro				X
limpiar el baño	X			
organizar el garaje			X	
sacudir los muebles		X		
lavar los platos	X			X
barrer el piso	X			

MODELO A Carolina le toca sacar la basura.

1. _____

2. _____

3. _____

4. _____

5. _____

6. _____

7. _____

8. _____

GRAMÁTICA 2

Preterite of -ar, -er, -ir verbs and *hacer* and *ir*

- Verbs with **-ar** and **-er** endings do not have stem changes in the preterite.
- The verbs **hacer** and **ir** are irregular in the preterite.

	lavar	vender	sacudir	hacer	ir
yo	lav**é**	vend**í**	sacud**í**	**hice**	**fui**
tú	lav**aste**	vend**iste**	sacud**iste**	**hiciste**	**fuiste**
Ud., él, ella	lav**ó**	vend**ió**	sacud**ió**	**hizo**	**fue**
nosotros(as)	lav**amos**	vend**imos**	sacud**imos**	**hicimos**	**fuimos**
vosotros(as)	lav**asteis**	vend**isteis**	sacud**isteis**	**hicisteis**	**fuisteis**
Uds., ellos(as)	lav**aron**	vend**ieron**	sacud**ieron**	**hicieron**	**fueron**

Luis y yo **fuimos** a casa.   Luis **lavó** la ropa y yo **sacudí** el estante.

---

18 Lee lo que hace Carla durante el día. Escribe las oraciones en orden y en el pretérito.

- Por la tarde, voy de compras.
- Me visto y hago la cama.
- Antes de dormir, hago la tarea.
- Me levanto temprano y me baño.
- Preparo la ensalada para la cena.
- Preparo el desayuno y lavo los platos.

MODELO Me levanté temprano y me bañé.

1. _____
2. _____
3. _____
4. _____
5. _____

19 Completa la tarjeta de agradecimiento *(thanks)* con el pretérito de los verbos entre paréntesis.

Hijo, gracias por ayudarme a limpiar. Esta mañana tú **(1)** _____

(levantarse) temprano y tú **(2)** _____ (hacer) algunos quehaceres antes

de ir al colegio. Yo **(3)** _____ (ver) que **(4)** _____ (pasar) la

aspiradora en la sala y **(5)** _____ (sacudir) los estantes. Yo

(6) _____ (preparar) la cena y tú **(7)** _____ (lavar) los

platos después. También **(8)** _____ (sacar) al perro a pasear. Gracias

y te quiero. Mamá

CAPÍTULO

Pueblos y ciudades

VOCABULARIO 1

1 Jorge necesita algunas cosas del pueblo, pero no sabe dónde comprarlas. Escribe la letra de la(s) palabra(s) correspondiente(s) junto al lugar donde debe comprar cada cosa.

_____ **1.** en la floristería

_____ **2.** en la tienda de comestibles

_____ **3.** en la pescadería

_____ **4.** en la panadería

_____ **5.** en la frutería

_____ **6.** en la carnicería

_____ **7.** en la mueblería

a. pollo y tocino
b. pan dulce
c. manzanas, duraznos y naranjas
d. flores
e. atún
f. café y huevos
g. sillas y una mesa

2 Marcela y José Luis están de visita en el pueblo. Completa la conversación con las palabras del cuadro.

ayuntamiento	café	pasear	pastelería	llevar
estación de autobuses	banco	llevar a	recoger a	dar una vuelta

Marcela ¡Me encanta **(1)**_____ por este pueblo!

¿Quieres ir a tomar algo en el **(2)**_____?

José Luis Sí, y también podemos **(3)**_____ a casa un

pastel de la **(4)**_____.

Marcela El autobús llega a las cinco. Debemos **(5)**_____

tu tía en la **(6)**_____.

José Luis Primero tengo que pasar por el **(7)**_____ a sacar

dinero. La tía quiere ir de compras esta tarde.

Marcela Podemos **(8)**_____ la tía a conocer el

(9)_____, si quiere.

José Luis Sí, y luego podemos llevarla a **(10)**_____ por

la plaza.

VOCABULARIO 1

3 Marta está en el pueblo pidiendo información *(asking for information)*. Escoge la respuesta más apropiada para cada pregunta de Marta.

_____ 1. ¿Me podría decir dónde está el monumento a Cristóbal Colón?

    a. Está al lado de la fuente.

    b. Está en la pastelería.

_____ 2. Disculpe, ¿sabe usted a qué hora abre la pescadería?

    a. Sí, claro, a las nueve.

    b. Sí, claro, abre los domingos.

_____ 3. ¿Sabe usted dónde se puede sacar la licencia de conducir?

    a. No estoy seguro. Creo que en el centro recreativo.

    b. No estoy seguro. Creo que en el ayuntamiento.

_____ 4. ¿Me podría decir dónde encuentro al doctor Remos?

    a. Sí, claro, en la clínica.

    b. Sí, claro, en la estación de bomberos.

_____ 5. Disculpe, ¿sabe dónde prestan dinero?

    a. No estoy seguro. Pregúntele a alguien en el banco.

    b. No estoy seguro. Pregúntele a alguien en la comisaría.

4 Lucía habla sobre lo que tiene que hacer su familia. Completa el párrafo con las palabras apropiadas del cuadro.

mercado	**mueblería**	**frutería**	**banca**
panadería	**peluquería**	**plaza**	**tienda de comestibles**

Mi papá necesita comprar naranjas en la _____. Después

quiere pasar por el _____ para comprar unas plantas.

Yo necesito cortarme el pelo en la _____ y comprar leche,

pan y huevos para la cena en la _____ que está enfrente de

la pastelería. También necesito preguntar el precio de un escritorio muy bonito

que vi en la _____. Si después tengo tiempo, voy a pasar por

la _____ para sentarme a leer en una _____.

  26

5 Roberto y Martín hicieron diligencias todo el día y sus papás les preguntan adónde fueron y qué hicieron. Usa las palabras entre paréntesis para contestar las preguntas.

MODELO ¿Adónde fuiste esta mañana, Roberto? (estación de tren / comprar / boleto)

Fui a la estación de tren a comprar un boleto.

1. ¿Qué más hiciste? (tener que ir / ayuntamiento / sacar / carnet de identidad)

_____

2. Y tú, ¿qué hiciste? (tener que hacer / diligencias / pollo / carnicería)

_____

3. ¿Adónde fueron ustedes por la tarde? (ir / floristería / comprar / flores)

_____

4. ¿Qué hicieron después? (ir / cementerio / poner / flores)

_____

5. Y tú, ¿adónde fuiste por la noche? (ir / oficina de correos / cerrada / café)

_____

6 Claudia regresa a casa después de hacer diligencias. Le explica a su mamá qué diligencias hizo esta mañana y cuáles no hizo. Completa la conversación con oraciones apropiadas.

—Hola, Claudia. ¿Adónde fuiste esta mañana?

_____

—Ah, sí. Tuviste muchas diligencias que hacer, ¿no? Entonces, ¿qué hiciste?

—Pues, primero _____

—¿Y pasaste por la tienda de comestibles?

—Sí, y allí _____

—¡Estupendo! Podemos comerlo en el almuerzo. ¿Y qué hiciste después?

—Estuve en la panadería y allí _____

—¡Qué bien! ¿Fuiste al ayuntamiento para preguntar por tu licencia de conducir?

—No, no fui al ayuntamiento porque _____

—¿Por qué no me llamaste?

—Porque no encontré _____

—¡Pero están enfrente de la panadería!

(27)

Pueblos y ciudades

Impersonal *se* and passive *se*

The impersonal **se** can mean *they, one,* or *you:*

• Se abre a las ocho.   Se come bien en este restaurante.

To talk about something that **is done** without saying who does it, use **se** + verb:

• **Se venden frutas en el mercado.**

In this use, the verb agrees in number with its object. This use is called passive **se**. Passive **se** is also used to say what is or isn't **allowed**.

• **Se prohíbe fumar. No se permite comer en esta oficina.**

---

7 Carlos le escribe una carta a Raúl desde el pueblo donde vive. Completa las oraciones con **se** + la forma correcta de un verbo apropiado del cuadro.

poder	hablar	vivir	llegar	trabajar	vender

Hola, Raúl:

Estoy feliz aquí. (**1**)_____ muy tranquilamente. En las oficinas

(**2**)_____ de las 8 de la mañana a las 5 de la tarde; (**3**)_____

pasear y hacer muchas cosas después de esa hora. Es fácil ir de compras, porque aquí

(**4**)_____ inglés y español en las tiendas. Los domingos (**5**)_____

frutas en la plaza. Espero verte pronto. (**6**)_____ muy rápido en tren.

8 Imagina que estás en el ayuntamiento. Escribe tres cosas que se prohíben y tres cosas que se permiten en el ayuntamiento. Usa los verbos del cuadro.

MODELO **Se permite sentarse en el ayuntamiento.**

leer	fumar	vender	comer	caminar	hablar

Se permite... _____

_____

_____

Se prohíbe... _____

_____

_____

28

GRAMÁTICA 1

Preterite of -car, -gar, -zar verbs and *conocer*

- Verbs ending in **-car, -gar,** and **-zar** have spelling changes in **yo** forms of the preterite.

  tocar ➔ yo toqué   regar ➔ yo regué   almorzar ➔ yo almorcé

- In the present tense, **conocer** means to know someone or something. It has an irregular **yo** form.

  ¿Conoces a Pedro?   Sí, también conozco a su familia.

- In the preterite, **conocer** is regular. It means to meet someone or to see a place for the first time.

  Conocí tu pueblo ayer.   Conocí a Luis en el club de ajedrez.

---

9 Teresa habla por teléfono con su mamá y le dice lo que hizo ayer. Completa el párrafo con la palabra correcta entre paréntesis.

Yo fui al entrenamiento. **(1)**_____ (Jugué / Jugó / Jugaste) bien,

pero me **(2)**_____ (sentí / sintió / sentiste) muy cansada, por eso

(3)_____ (descansamos / descansé / descansó) en la cafetería.

(4)_____ (Almorzamos / Almorcé / Almorzó) y **(5)**_____

(hablé / habló / hablaste) con mis amigas. Luego, nosotras **(6)**_____

(busqué / buscó / buscamos) un libro en la biblioteca. Por la tarde, un amigo

(7)_____ (organizó / organicé / organicé) una salida al cine.

10 Mira los dibujos y di dónde se conocieron las personas. Usa la forma correcta del verbo **conocer** en el pretérito.

MODELO Mariana **conoció** a Roberto en el **banco.**

1. Tomás y Jorge _____ a Susana en el _____.

2. Rocío y yo _____ a Mónica en la _____.

3. Tú _____ a tus amigos en la _____.

4. Rafael _____ a Fernando en la _____.

5. Yo _____ a Olivia en el _____.

(29)

GRAMÁTICA 1

Irregular preterites: *andar, tener, venir, dar, ver*

• The following verbs have irregular stems and endings in the preterite.

	andar	**tener**	**venir**	**dar**	**ver**
yo	anduve	tuve	vine	di	vi
tú	anduviste	tuviste	viniste	diste	viste
Ud., él, ella	anduvo	tuvo	vino	dio	vio
nosotros(as)	anduvimos	tuvimos	vinimos	dimos	vimos
vosotros(as)	anduvisteis	tuvisteis	vinisteis	disteis	visteis
Uds., ellos, ellas	anduvieron	tuvieron	vinieron	dieron	vieron

Ayer **dimos** un concierto. **Vino** mucha gente. **Tuvimos** mucho éxito.

---

11 Andrés tuvo que mudarse *(move)* a Santo Domingo porque su padre encontró un trabajo nuevo allí. Lee la carta que Andrés le escribió a su amiga Ana, y luego contesta las preguntas.

Querida Ana:

Me gusta mucho Santo Domingo. Es muy bonito y se vive bien. Por las tardes, después de hacer la tarea, voy a la plaza y les doy de comer a las palomas *(doves)*. Los sábados, mi hermano y yo damos una vuelta por el centro. ¡Hay muchos monumentos para ver! Aquí se pueden comer muchas frutas deliciosas. Los domingos, mi papá tiene ganas de ir al mercado por la mañana y compra frutas. En la tarde vamos todos a la playa. Allí nadamos, comemos frutas y andamos por la arena *(sand)*. ¿Cuándo vienes a visitarnos?

Con cariño,
Andrés

1. ¿Qué crees que hizo Andrés el lunes pasado por la tarde?

Probablemente, Andrés _____ su tarea, _____ a la plaza y

les _____ de comer a las palomas.

2. ¿Qué crees que hicieron Andrés y su hermano el sábado pasado?

Probablemente, Andrés y su hermano _____ una vuelta por el

centro y _____ algunos monumentos.

3. ¿Qué crees que hizo el padre de Andrés el domingo pasado por la mañana?

Probablemente, el padre de Andrés _____ ganas de ir al mercado y

_____ frutas.

4. ¿Qué crees que hicieron Andrés y su familia el domingo por la tarde?

Probablemente, Andrés y su familia _____ a la playa, y allí

_____ , _____ frutas y _____ por la arena.

Pueblos y ciudades

12 Patricia no sabe muy bien los números ordinales *(ordinal numbers)*. Escribe correctamente las palabras para ayudarla. Después, pon los números en orden, empezando con **primero.**

MODELO incpiro **primero**

_____ **1.** outqin _____

_____ **2.** ugnedso _____

_____ **3.** uracot _____

_____ **4.** opmétis _____

_____ **5.** etrerco _____

_____ **6.** xteos _____

13 La familia Fernández está de visita en la ciudad. Escribe a qué lugares fueron.

1. Primero fueron a visitar _____, que es una iglesia muy vieja.

2. Luego fueron a comprar chocolates al lugar donde los hacen. Ese lugar se

llama _____.

3. La señora Fernández compró leche, verduras y fruta. Ella fue al

_____.

4. Al señor Fernández le gusta leer el periódico. Lo compró en

_____.

5. Después, visitaron a un amigo del señor Fernández que es médico. Por eso,

fueron al _____.

6. A Mario, el hijo menor, le gustan los árboles. Por eso todos fueron a visitar

_____.

7. Después fueron para ver los barcos. Fueron al _____.

8. La señora Fernández tuvo que regresar al carro. Por eso todos fueron al

_____.

9. Al final pasaron por un _____ para mandar un
correo electrónico.

10. El señor Fernandez perdió el pasaporte. Tuvo que ir a la

_____ para pedir otro pasaporte.

VOCABULARIO 2

14 Después de recorrer la ciudad, la familia Fernández quiere visitar al tío Manuel en el hospital, pero no saben cómo llegar. Completa los párrafos con las palabras apropiadas del cuadro.

doble	piso	cruce	cuadras	perderse
subir	carretera	esquina	llegar	estacionamiento

— Perdón, ¿cómo puedo **(1)**_____ al hospital?

— Siga derecho dos **(2)**_____. Luego **(3)**_____

a la izquierda para llegar al **(4)**_____ de las calles Independencia

y Malibrán.

Unos minutos después...

— Disculpe, ¿vamos bien para el hospital?

— Sí, van bien. Hay que **(5)**_____ la calle hasta llegar a la

(6)_____. El hospital está al lado de la

(7)_____ 66. No pueden **(8)**_____.

— ¿Hay **(9)**_____ para el carro?

— Sí. Está en el primer **(10)**_____.

15 Lee las oraciones. Decide si lo que dicen es cierto o falso.

_____ **1.** Cuando vas a caminar, debes caminar en la acera.

_____ **2.** En una autopista siempre hay muchas bicicletas.

_____ **3.** El punto más seguro (safe) para cruzar una calle es la esquina.

_____ **4.** Antes de bajarte del tren, el tren debe parar.

_____ **5.** La zona peatonal es un lugar donde la gente no debe caminar.

_____ **6.** La zona verde es un lugar donde no hay plantas, sólo fábricas.

_____ **7.** El semáforo tiene tres colores: rojo, verde y amarillo.

_____ **8.** Cada lugar a donde llega el metro es una parada.

VOCABULARIO 2

16 Mira el mapa para decirles a estas personas cómo llegar a los lugares que buscan.

1. El señor Ramírez está en el Café español. Necesita ir al Hospital Memorial para visitar a su hija. ¿Qué le dices?

   _____

   _____

2. El señor Muñoz está en la oficina de correos. Necesita ir al restaurante Nueva York para almorzar con una cliente. Dile cómo llegar.

   _____

   _____

3. La profesora López está en el Museo de la historia. Quiere visitar la Oficina de turismo. ¿Qué le dices?

   _____

   _____

4. El padre de tu amiga Carla está en la Plaza civil y no sabe cómo llegar al Parque pista. Ayúdalo.

   _____

   _____

Pueblos y ciudades

Formal commands

- Formal commands are used when you address someone as **usted**.

- Form a formal command as follows.

  - for **-ar** verbs replace the final **-o** of the **yo** form with **-e**.

  - for **-er** and **-ir** verbs replace the final **-o** with **-a**.

    trabajar: yo trabajo➜   **trabaje**   **no trabaje**

    tener: yo tengo➜   **tenga**   **no tenga**

    subir: yo subo➜   **suba**   **no suba**

- The spelling of verbs ending in **-car, -gar, -zar, -ger,** and **-guir** changes in the formal command forms.

    tocar: toque

    jugar: juegue

    almorzar: almuerce

    recoger: recoja

    seguir: siga

- When asking two or more people to do something, add **-n** to the formal command form.

    Niños, suban la escalera despacio.

    Lourdes y Carmina, no jueguen en la calle.

---

17 En la oficina, el jefe les escribe una nota a los empleados con las cosas que debe hacer cada uno. Completa lo que dice el jefe conjugando el verbo entre paréntesis para dar mandatos formales. Presta atención al sujeto de cada oración.

Por favor, (1)_____ (llegar) temprano. Primero, Carlos y Luis,

(2)_____ (organizar) el trabajo que hay que hacer. Sofía,

(3)_____ (llevar) el dinero al banco de la esquina y luego

(4)_____ (presentar) a los demás al nuevo programador de computadoras.

Manuel y Losa, no (5)_____ (almorzar) en la oficina; coman en la

cafetería. Por la tarde, (6)_____ (pedir) al ayuntamiento la información y

no se (7)_____ (olvidar) de pasar a recogerla.

GRAMÁTICA 2

Irregular formal commands

- Some verbs with irregular formal command forms are **dar, ser,** and **ir.**

usted	ustedes
dar: (no) dé	(no) den
ser: (no) sea	(no) sean
ir: (no) vaya	(no) vayan

- Use the following expressions or commands to give directions.

ir por la calle	**No vayan por esa calle.**
doblar a la derecha/izquierda en	**Doble a la izquierda en el semáforo.**
seguir derecho hasta	**Sigan derecho hasta el cruce.**
subir/bajar... hasta llegar a	**Suba la calle hasta llegar a la fuente.**

---

18 Unos estudiantes van a un viaje de estudios. El profesor habla con ellos antes del viaje. Completa el párrafo con las formas correctas de los verbos apropiados.

No (1)_____ (ser / ir) solos a ninguna parte de la ciudad. Para ir a la

plaza, (2)_____ (doblar / seguir) derecho hasta el cruce de la calle 8 y

la avenida Luz. (3)_____ (Dar / Doblar) a la izquierda en el semáforo.

Si quieren ir al acuario, (4)_____ (tener / bajar) la calle 5 hasta llegar al

puerto. Para ir a la catedral, (5)_____ (caminar / deber) derecho.

(6)_____ (Subir / Dar) por la calle 2. Después, (7)_____

(doblar / subir) a la izquierda.

19 Un turista te pregunta cómo llegar a varios lugares. Usa el mapa de la página 33 para contestar sus preguntas.

   1. Estoy en el Café español. ¿Cómo llego al Hotel Barroco?

     _____

     _____

   2. Estoy en la Gran Plaza. ¿Cómo llego al Museo de arte?

     _____

     _____

   3. Estoy bajando la avenida A. Ya veo la Plaza civil. ¿Voy bien para el Hotel norte? ¿Qué debo hacer?

     _____

     _____

    35

GRAMÁTICA 2

Commands with pronouns and review of informal commands

- For affirmative commands, attach the object and reflexive pronouns to the end of the command.

    ¿Quieren un refresco? Sáquenlo del refrigerador.

    Déle un bolígrafo y un cuaderno a la señora Ruiz.

- For negative commands, place the object and reflexive pronouns before the verb.

    No se suban a ese tren.

When using informal commands, remember:

- Verbs such as **pensar, comer,** and **escribir** are regular.

- Verbs such as **buscar, llegar, organizar, recoger,** and **seguir** have spelling changes.

- **Dar, decir, hacer, ir, poner, salir, ser, tener,** and **venir** have irregular forms.

---

20 Mariana se va de viaje y su mamá la ayuda con los preparativos. ¿Qué le dice a Mariana su mamá? Completa cada respuesta. Usa pronombres de objeto cuando sea posible.

1. Necesito dinero. _____ *(tomar)* de mi mesita de noche.

2. No encuentro mi vestido azul. _____ *(buscar)* en la secadora.

3. Mi habitación está desordenada. _____ *(organizar)* antes de irte.

4. ¿Dónde pongo mi pasaporte? _____ *(poner)* en tu bolsa.

5. No sé la dirección del hotel. _____ *(escribir)* en un papel.

6. No conozco la ciudad. _____ *(pedir)* información en el hotel.

7. ¿Cuándo hago mi maleta? _____ *(hacer)* hoy por la noche.

8. El avión sale temprano. No _____ *(salir)* tarde de la casa.

9. No quiero levantarme temprano. No _____ *(ser)* perezosa.

¡Mantente en forma!

1 Miguel les preguntó a sus amigos cómo se sintieron durante y después de las competencias. Escribe **sí** si la respuesta es lógica y **no** si es ilógica.

_____ 1. —¿Cómo reaccionaste cuando tu equipo perdió el partido?
—Me dio una rabia.

_____ 2. —¿Cómo te sentiste cuando ganaste la competencia de equitación?
—Me dio mucha tristeza.

_____ 3. —¿Cómo reaccionaste cuando tu equipo perdió por 3 a 0?
—Me puse a gritar de alegría.

_____ 4. —¿Cómo reaccionaste cuando tu equipo de patinaje sobre hielo ganó la competencia?
—Me puse muy contenta.

_____ 5. —¿Cómo te sentiste cuando los animadores se pusieron a gritar?
—Me dieron ganas de llorar.

_____ 6. —¿Cómo reaccionaste cuando tu equipo de volibol llegó tarde al partido?
—Me dio vergüenza.

2 Mira los dibujos y escribe el nombre del deporte que corresponde a cada uno.

1. _____   2. _____   3. _____

4. _____   5. _____

37

VOCABULARIO 1

3 Completa el crucigrama *(crossword puzzle)* usando las pistas *(clues)*.

HORIZONTAL

1. Es la persona que prepara a un equipo.
5. Ni ganar, ni perder.
7. Lo que recibe el equipo que gana una competencia.
9. Los puntos que hace un equipo.

VERTICAL

2. Se practica con traje de baño, en una piscina.
3. Son las que animan en un partido.
4. Cuando un equipo juega contra otro, es una...
6. Hay patinaje sobre hielo y patinaje...
8. Es el grupo de personas que juega en un partido.

4 Ayuda a Lucía a describir algunos de los grupos y actividades de la escuela. Escoge la palabra entre paréntesis que mejor completa cada oración.

1. Tenemos una _____ (banda escolar / oratoria) que toca muy bien.
2. Los _____ (puntajes / jugadores) de fútbol son mis amigos.
3. Se puede _____ (montar a caballo / equitación) por la tarde.
4. En los partidos, todos van a _____ (ganar / animar) a su equipo.
5. El mejor equipo debe _____ (ganar / perder) la competencia.
6. Hay competencias de _____ (golf / oratoria) para los estudiantes que saben hablar muy bien.
7. Yo practico el _____ (esquí acuático / golf) y mi mejor amigo conduce la lancha.

VOCABULARIO 1

5 Unos estudiantes entrevistaron *(interviewed)* a otros estudiantes que participaron en partidos o competencias. Completa las respuestas con las expresiones del cuadro.

fue todo un fracaso	me dio una rabia	estuvo increíble
fue todo un éxito	me fue muy bien	estuvo buenísima
me dio mucha alegría	me fue muy mal	estuvo fatal
me puse a llorar		

MODELO ¿Qué tal estuvo la competencia de atletismo?
Corrí muy bien. **Estuvo increíble.**

1. ¿Cómo te fue en patinaje?

Gané. _____

2. ¿Qué tal estuvo la competencia de lucha libre?

La gente gritó de alegría. _____

3. ¿Cómo salió la competencia de bandas escolares?

Tocamos muy bien. _____

4. ¿Cómo te sentiste cuando ganaste el debate?

Pues, _____

5. ¿Qué tal estuvo el partido?

Perdimos por 2 a 0. _____

6. ¿Cómo reaccionaste cuando tu equipo perdió el partido?

Muy mal. _____

7. ¿Cómo te fue en equitación?

Mi caballo no corrió. _____

8. ¿Cómo salió la competencia de natación?

Ganó el otro equipo. _____

9. ¿Cómo te sentiste cuando perdiste la competencia de gimnasia?

Horrible. _____

¡Mantente en forma!

Irregular preterites: *ponerse* and *decir*

- **Ponerse** and **decir** are irregular in the preterite.

	ponerse	decir
yo	me **puse**	**dije**
tú	te **pusiste**	**dijiste**
usted/él/ella	se **puso**	**dijo**
nosotros(as)	nos **pusimos**	**dijimos**
vosotros(as)	os **pusisteis**	**dijisteis**
ustedes/ellos/ellas	se **pusieron**	**dijeron**

- To say how someone reacted to something at a particular moment in the past, use **ponerse** with an adjective or with **a** and an infinitive.

   ponerse + adjective
   Para la competencia **nos pusimos nerviosos.**
   We became very nervous *during the competition.*
   ponerse + a + infinitive
   Susana **se puso a llorar.**   *Susana **began to cry.***

- The verb **decir** is usually followed by **que** and what was said.

   Tomás **dijo que** el partido no estuvo bien.
   *Tomás **said that** the game didn't go well.*

- To say what someone wanted to do in the past, use the expression **darle ganas de** followed by an infinitive.

   Me dieron ganas de gritar cuando ganamos.
   I wanted to shout *when we won.*

---

6 Los muchachos hablan sobre el partido de fútbol de ayer. Completa las oraciones con las formas correctas de los verbos **ponerse** o **decir** en el pretérito.

MODELO Manuel no le **dijo** a sus papás la hora del partido y por eso llegaron tarde.

1. Nosotros le _____ al entrenador: ¡Estamos preparados!

2. Él se _____ muy contento y nos _____: ¡Adelante, equipo!

3. Durante el partido, las animadoras nos animaron y nos _____ muy alegres con sus canciones y bailes.

4. Tú te _____ a gritar: ¡Vamos a ganar!

5. Mis amigos me _____ que jugué muy bien y me _____ feliz.

GRAMÁTICA 1

The preterite of stem-changing -ir verbs

- Verbs ending in **-ir** that have a stem change in the present tense also have a stem change in the preterite tense, but only in the third-person forms.

  e → i   sentí   sintió   o → u   dormí   durmió

- Some verbs that fit this pattern are **sentir(se), dormir(se)** *(to fall asleep)*, **preferir, seguir, divertirse** *(to have fun)*, **morirse** *(to die)* and **vestirse.**

- When **seguir** is followed by a gerund, it means **to continue doing something.**

  Se hizo de noche y **siguió** lloviendo.   *Night fell and it **continued** raining.*

- In the preterite, some forms of **reírse** have an accent and some don't. Note that the accented **í** is pronounced as a separate syllable when it follows the **e.**

yo	me reí	nosotros(as)	nos reímos
tú	te reíste	vosotros(as)	os reísteis
Ud./él/ella	se rió	Uds./ellos/ellas	se rieron

---

7 Ana y Rosa juegan a un juego. Ana dice una oración en presente y Rosa la escribe en pretérito. Escribe la parte de Rosa.

1. **ANA:** Roberto se siente bien después de hacer ejercicio.

   ROSA: _____

2. **ANA:** Me duermo tarde para estudiar muy bien.

   ROSA: _____

3. **ANA:** Ellos se divierten en los partidos de básquetbol.

   ROSA: _____

4. **ANA:** Mis amigas prefieren ser animadoras que jugar en el equipo.

   ROSA: _____

8 Pon las siguientes palabras en orden y escribe oraciones en el pretérito.

1. equipo / ganando / todo / seguir /durante / el todo / mi / año

   _____

2. yo / sentirse / cansada / entrenamiento / en / el

   _____

3. mis amigos y yo / reírse / competencia / patinaje / en / la/ de / mucho

   _____

4. jugadores / no / vestirse / uniforme / con / los

   _____

The preterite of *ser* and *estar*

- **Ser** and **estar** are irregular in the preterite. The preterite forms of **ser** are the same as those of **ir**.

	ser	estar
yo	fui	estuve
tú	fuiste	estuviste
Ud./él/ella	fue	estuvo
nosotros(as)	fuimos	estuvimos
vosotros(as)	fuisteis	estuvisteis
Uds./ellos/ellas	fueron	estuvieron

- Use the preterite of **ser** to say where an event took place, how someone did, or what someone or something was like.

  El debate **fue** en el auditorio. **Fue** muy difícil, y a mí **no me fue** bien.
  *The debate **was** in the auditorium. It **was** very difficult, and **I didn't do** very well.*

- Use the preterite of **estar** to say what your opinion of something was, where someone or something was, or how someone felt for a period of time.

  ¿Cómo **estuvo** el examen de español?   *How **was** the Spanish exam?*
  Estuvieron en la biblioteca **todo el día.**   *They **were** in the library **all day.***
  Estuve enfermo **toda la semana.**   *I **was** sick **all week.***

---

9 Completa la conversación entre dos entrenadores sobre cómo les fue a sus equipos el mes pasado. Escribe la forma correcta de **ser** o **estar** en el pretérito.

—El mes pasado **(1)**_____ difícil para mi equipo. Nosotros

(2)_____ de viaje muchos días.

—A nosotros nos **(3)**_____ bastante bien. Ganamos una competencia

que **(4)**_____ buenísima.

—¿Dónde **(5)**_____ Uds. el fin de semana pasado? La competencia

(6)_____ en Texas, ¿no?

—Sí. Mi equipo y yo **(7)**_____ en Houston por tres días y todo

(8)_____ increíble.

—Entonces, **(9)**_____ todo un éxito para ti y **(10)**_____ fatal

para nosotros.

—Bueno, los puntajes de nuestros equipos **(11)**_____ diferentes.

(42)

¡Mantente en forma!

10 Escribe si lo que dicen estos estudiantes es **lógico** o **ilógico**.

1. Tengo un calambre en el cerebro. _____

2. Me torcí el corazón. _____

3. Me puse ungüento en los ojos. _____

4. Me quemé los huesos con el sol. _____

5. Me corté el dedo con un cuchillo. _____

6. Me di un golpe en la cabeza. _____

7. Tengo tos y me duele la garganta. _____

8. Me caí del caballo y me rompí la pierna. _____

11 Las mamás aconsejan *(advise)* muy bien a sus niños. Escoge el mejor consejo que daría *(would give)* una mamá.

_____ 1. Estoy mal. Tengo tos.
  a. Tómate este jarabe.
  b. Ponte una curita.
  c. Véndate la garganta.

_____ 2. Me torcí el tobillo.
  a. Véndatelo.
  b. Estornuda.
  c. Tómate las pastillas.

_____ 3. Me corté el dedo con un vaso.
  a. Ponte hielo.
  b. Ponte una curita.
  c. Descansa un poco.

_____ 4. Tengo un dolor de cabeza que no se me quita.
  a. Ponte ungüento.
  b. Ponte una curita.
  c. Tómate unas aspirinas.

_____ 5. Me dio un calambre jugando al fútbol.
  a. Tómate este jarabe para la tos.
  b. Tienes que ir al médico.
  c. Debes calentarte antes de hacer ejercicio.

_____ 6. Me duele la garganta. Estoy resfriado.
  a. Tómate este jarabe.
  b. Véndate la cabeza.
  c. Ponte hielo.

_____ 7. Me di un golpe en la cabeza.
  a. Quédate en cama.
  b. Ponte hielo.
  c. Estírate antes de darte un golpe.

43

VOCABULARIO 2

12 El pobre Arturo pasó un fin de semana horrible. Lee qué le pasó y completa el párrafo con las palabras del cuadro.

me quemé	**tengo infectado**	**me corté**	**me duele**
me lastimé	**me dio un calambre**	**me caí**	**hinchado(a)**

Este fin de semana fue horrible. Fuimos a practicar esquí acuático. Pero cuando

empecé, (1)_____ en la pierna. Entonces,

(2)_____ y (3)_____ el tobillo. Ahora

(4)_____ mucho. Luego (5)_____ el dedo del pie

en la playa cuando salí del agua. Como no me lavé el dedo, ahora lo

(6)_____. Además, no me puse sombrero y

(7)_____ con el sol. Por eso, ahora tengo la cara muy

(8)_____ y roja.

13 La enfermera del colegio le pregunta a los estudiantes qué les pasó. Contesta las preguntas. Escribe oraciones completas con las palabras entre paréntesis.

MODELO
—¿Qué te pasó? (torcerse / muñeca) —**Me torcí la muñeca.**

1. —¿Qué tienes? (cortarse / labio / tenerlo infectado)

   _____

2. —¿Qué te pasó? (romperse / pierna / patinando)

   _____

3. —¿Qué tienes? (darse un golpe / mejilla)

   _____

4. —¿Qué te pasó? (torcerse / tobillo)

   _____

5. —¿Qué te pasó? (darse un golpe / codo / pared)

   _____

6. —¿Qué tienes? (tener un calambre / pierna)

   _____

VOCABULARIO 2

14 Mira los dibujos. Escribe lo que diría cada persona *(what each person would say)*
y escribe un buen consejo para su problema. Usa la primera respuesta como
modelo.

1. **Me duele la garganta.**

   Tómate este jarabe.

2. _____

   _____

3. _____

   _____

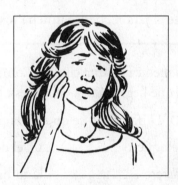

4. _____

   _____

5. _____

   _____

6. _____

   _____

¡Mantente en forma!

Verbs with reflexive pronouns and direct objects

- Use a **reflexive pronoun** when referring to someone doing something to himself or herself.

  El bombero **se** lastimó.   *The fireman hurt **himself**.*

- Sometimes, **reflexive pronouns** are used with a **direct object** that is **a part of the body** or **something that you put on.**

  El bombero **se** lastimó **la mano.** El bombero **se** puso una **venda** en la mano.
  The fireman hurt his hand. He put a bandage on his hand.

- **Pronouns** go before the verb or are attached to the end of a gerund or infinitive.

  se está poniendo   están calentándose   va a vendarse

- In affirmative commands, the reflexive pronoun is attached to the end of the verb. In negative commands, it goes before the verb.

  Tómate el jarabe, tienes mucha tos.   No **te levantes** de la cama.

---

15 Gloria es médica en una clínica. Completa estas frases de sus notas sobre las personas que llegaron a la clínica esta tarde.

MODELO El bombero **se quemó** la piel en el incendio.

1. El peluquero _____ el dedo.

2. El cartero _____ la muñeca al abrir un paquete.

3. El jugador _____ un hueso.

4. El muchacho _____ el codo durante el partido.

16 Escribe los mandatos que les da la médica a sus pacientes.

MODELO Me duele mucho la cabeza. **Tómate unas aspirinas y acuéstate.**

1. Me lastimé el muslo durante la carrera.

   _____

2. Estoy resfriado y tengo tos.

   _____

3. Me rompí la pierna patinando sobre hielo.

   _____

4. Me corté el dedo al cortar la manzana.

   _____

Holt Spanish 2

Cuaderno de vocabulario y gramática

GRAMÁTICA 2

Past participles used as adjectives

- The **past participle** of a verb can be used as an **adjective.** Use it to describe a condition or an injury.

  Se me **infectó** el dedo.   Tengo el dedo **infectado.**

- The past participles of regular verbs are formed by replacing the infinitive ending with **-ado** for **-ar** verbs and **-ido** for **-er** and **-ir** verbs.

  hinchar / hinchado   **torcer / torcido**   **herir / herido**

- Here are some irregular participles: **romper / roto   abrir / abierto**

- Participles that are used as adjectives must agree with nouns in number and gender.

  Tiene los ded**os** rot**os.**   Tienes la muñe**ca** torci**da.**

---

17 Éstas son las lesiones *(injuries)* de los jugadores. Completa las oraciones usando el participio pasado.

MODELO Julián se cortó el pie. Tiene el pie **cortado.**

1. A Miguel se le hincharon los dedos. Tiene los dedos _____.

2. Juan se rompió la muñeca. Tiene la muñeca _____.

3. Te torciste el tobillo. Tienes el tobillo _____.

4. Te quemaste con el sol. Tienes la piel _____.

18 Éstas son algunas preguntas que le hicieron a Manuel en la sala de emergencias. Contesta las preguntas usando el participio pasado como adjetivo.

MODELO ¿Qué te pasó en las rodillas? **Las tengo hinchadas.**

1. ¿Qué te pasó en el codo?

   _____

2. ¿Qué te pasó en la muñeca?

   _____

3. ¿Qué te pasó en los dedos del pie?

   _____

4. ¿Qué te pasó en la oreja?

   _____

5. ¿Qué te pasó en la pierna?

   _____

47

GRAMÁTICA 2

The preterite of verbs like *caer*

1. Some **-er** and **-ir** verbs like **caerse** and **leer** have a stem that ends in a vowel. In the preterite, the **i** of the third-person endings changes to **y**: **-ió / -yó** and **-ieron / -yeron**

In all other forms the **i** has a written accent mark: **í.** The verb **construir** has the same third person endings, but has no accent marks in the **nosotros, tú,** and **vosotros** forms.

yo	me **caí**	nosotros(as)	nos **caímos**
tú	te **caíste**	vosotros(as)	os **caísteis**
Ud./él/ella	se **cayó**	Uds./ellos/ellas	se **cayeron**

---

19 Di de dónde o en dónde se cayeron estas personas. Escribe oraciones completas. Usa el pretérito del verbo **caerse.**

MODELO

tú, el árbol **Tú te caíste del árbol.**

  1. ellos, las escaleras _____

  2. Ivette y yo, la bicicleta _____

  3. Julio, la cama _____

  4. Alma y tú, al agua _____

  5. yo, la bañera _____

  6. tú, el caballo _____

  7. nosotros, la piscina _____

20 Raúl y Andrea se encontraron en el hospital. Completa la conversación con la forma correcta del pretérito de los verbos **caerse, leer** y **construir.**

  —¡Hola, Andrea! ¿Qué te pasó?

  —A mí, nada. Mi hermanito (**1**)_____ de la cama y se dio un golpe en la

    cabeza. Y tú, ¿qué tienes? ¿También (**2**)_____?

  —Me rompí la pierna cuando (**3**)_____ de las escaleras. No pude ir a la

    clase de ciencias. ¿Cómo estuvo?

  —Muy bien. Todos los estudiantes (**4**)_____ su tarea. Después, Laura y

    yo (**5**)_____ un barco en la clase.

  —¿Puedo ver el barco más tarde?

  —No, (**6**)_____ de la mesa y se rompió.

Día a día

1 Sara piensa en las cosas que tiene que hacer antes de salir. Lee el párrafo y complétalo con palabras apropiadas del cuadro.

apagar	recoger	llaves	impermeable	ponerme
cepillarme	ducharme	maquillarme	irme	acordarme

Mi libro de ciencias está en el piso; lo tengo que _____. Antes de

vestirme, tengo que _____ y _____. Mañana es un día especial,

porque viene la directora de la escuela a visitar mi clase. Por eso voy a

_____ la blusa nueva.

También tengo que _____ el pelo y _____ de

poner las _____ en mi mochila antes de salir.

Si llueve, voy a llevar el _____ rojo, que es muy bonito.

2 Ahora empareja cada palabra o frase de la columna de la izquierda con la frase correspondiente en la columna de la derecha.

_____ 1. el teléfono celular

_____ 2. el lápiz labial

_____ 3. cepillarte

_____ 4. el impermeable

_____ 5. la llave

_____ 6. Date prisa.

_____ 7. acordarte

_____ 8. pintarte las uñas

a. usas esta cosa para abrir la puerta
b. no olvidarte
c. ponerte color en las manos
d. lo que le dices a un amigo que tarda
e. usas esta cosa para llamar a un amigo
f. lo que te pones cuando llueve
g. las muchachas usan esta cosa para maquillarse
h. lo que haces para arreglarte el pelo

3 Estos jóvenes dicen lo que tienen que hacer antes de salir de la casa. Mira los dibujos y escribe lo que dicen.

Necesito...

MODELO ducharme.

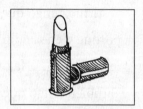

1. _____.   2. _____.   3. _____.

4. _____   5. _____.   6. _____.

_____.

4 Empareja cada pregunta de la columna de la izquierda con la frase correspondiente en la columna de la derecha.

How would you...

_____ **1.** say your friend takes a long time to get ready?

_____ **2.** tell someone who is rushing you that you only need to turn out the lights?

_____ **3.** say that you totally forgot something?

_____ **4.** tell someone not to worry, that you just locked the door?

_____ **5.** say that you couldn't find the umbrella?

_____ **6.** tell someone to hurry and that it's getting late.

a. Sólo me falta apagar las luces.

b. No te preocupes. Acabo de cerrar la puerta con llave.

c. Date prisa. Se nos hace tarde.

d. Se me olvidó por completo.

e. No pude encontrar el paraguas.

f. Tardas tanto en arreglarte.

5 El señor y la señora López van a llegar tarde a una fiesta. Completa la conversación con expresiones apropiadas del cuadro.

No te preocupes.	**Sólo me falta ponerme crema.**	**¿Todavía no estás lista?**
¡Ya voy!	**Te tardas mucho en arreglarte.**	**Se nos hace tarde.**
Tranquila.	**La fiesta empieza en media hora.**	**Estoy lista.**

MODELO

Sra. López ¡Date prisa! Se nos hace tarde.

Sr. López Tranquila. Sólo necesito lavarme los dientes.

1. **Sr. López** _____ Se nos hace tarde.

2. **Sra. López** _____. Sólo me falta ponerme el vestido.

3. **Sr. López** ¡Date prisa! _____

4. **Sra. López** _____. Estoy poniéndome los lentes de contacto.

5. **Sr. López** ¿Todavía no estás lista? _____

6. **Sra. López** Tranquilo. _____

7. **Sr. López** ¡Date prisa! _____

8. **Sra. López** No te preocupes. _____

6 Ayuda a Lupe. Escoge la respuesta más lógica para cada pregunta.

_____ 1. ¿Te acordaste de darle de comer al perro?
   a. Se me olvidó por completo, pero sí lo saqué a pasear.
   b. Sí, lo saqué a pasear.

_____ 2. ¿Trajiste el paraguas?
   a. Sí, y también traje mi impermeable.
   b. Se me olvidó mi teléfono celular.

_____ 3. ¿Te acordaste de apagar las luces de la habitación?
   a. ¡Siempre te tardas tanto en arreglarte!
   b. ¡Ay! Se me olvidó por completo.

_____ 4. ¿Trajiste las llaves de la casa?
   a. Recogí los útiles escolares.
   b. Sí, y cerré la puerta con llave.

Cuaderno de vocabulario y gramática

Día a día

Preterite of *poder* and *traer*

- These verbs are irregular in the preterite. **Poder** is often followed by un infinitive to say what you could *(and did)* or couldn´t *(and didn't)* do.

	poder *(to be able, can)*	**traer** *(to bring)*
yo	**pude**	**traje**
tú	**pudiste**	**trajiste**
Ud., él, ella	**pudo**	**trajo**
nosotros(as)	**pudimos**	**trajimos**
vosotros(as)	**pudisteis**	**trajisteis**
Uds., ellos, ellas	**pudieron**	**trajeron**

Tú no **pudiste** hacer el pastel ayer.   *You **couldn't** make the cake yesterday.*
Pudieron montar en bicicleta.   *They **were able** to ride bikes.* **Traje** el libro para estudiar.   *I **brought** the book to study.*

---

7 Carmela le dice a su mamá lo que pasó en el fin de semana. Completa las oraciones con las formas correctas de **poder** en el pretérito + infinitivo.

MODELO Yo no **pude llegar** a tiempo al partido del viernes.

1. Ramón y Luis _____ al cine después del partido.

2. Belén no _____ fotos, se olvidó de llevar la cámara.

3. Mamá, ¿_____ a papá al concierto?

4. Elena y yo no _____ por teléfono con Rubén.

5. Yo sí _____ el impermeable antes de salir.

8 Completa las oraciones con la forma correcta de **traer** en el pretérito. Luego empareja cada oración de la columna de la izquierda con la oración correspondiente en la columna de la derecha.

_____ 1. Martín no _____ su paraguas.

_____ 2. Nosotras no _____ el cepillo.

_____ 3. Tú no _____ tus lentes de contacto.

_____ 4. Luis y Carlos no _____ sus teléfonos celulares.

_____ 5. Yo no _____ mi lápiz labial.

_____ 6. Lorena no _____ sus llaves.

> **a.** No pudimos cepillarnos el pelo.
> **b.** No pude pintarme los labios.
> **c.** No pudo llegar seco. *(dry)*
> **d.** No pudo entrar a su casa.
> **e.** No pudieron llamar a sus amigas.
> **f.** No pudiste ver bien.

Verbs with reflexive pronouns

- Other verbs with **reflexive pronouns:**

  ducharse   pintarse   cepillarse   darse prisa   arreglarse

- Some verbs with **reflexive pronouns** express thoughts/feelings:

  olvidarse   preocuparse   acordarse   ponerse nervioso   alegrarse

- Some verbs with **reflexive pronouns** have a different meaning than their non-reflexive forms, such as **ir** *(to go)* and **irse** *(to leave).*

- Use **direct object pronouns** to replace the direct object of a verb.

  ¿Te estás cepillando **los dientes?**   No, no me **los** puedo cepillar ahora.
  Are you brushing your teeth?   *No, I can't brush them right now.*

---

9 El señor Gómez le dice a José las cosas que tiene que hacer. Completa las oraciones con la forma correcta de los verbos del cuadro.

cepillarse	olvidarse	preocuparse	lavarse	darse prisa

MODELO No **te preocupes** por mí.

1. Por la mañana no _____ de darle de comer al perro.

2. Después de bañarte, _____ el pelo.

3. _____ para no llegar tarde al médico.

4. _____ los dientes después de comer.

10 Escribe cada oración de nuevo con el pronombre de complemento directo correcto.

MODELO Ángela tiene que agarrar el impermeable.

1. Me voy a quitar los zapatos.

_____

2. María se va a cepillar el pelo.

_____

3. Mis hermanos se van a lavar las manos.

_____

4. ¿Te vas a pintar las uñas?

_____

5. Nos olvidamos de llevar las llaves.

_____

53

Possessive pronouns

- Use a **possessive adjective** before a noun to show ownership.

  —¿Cómo es **tu** perro?   *What is **your** dog like?*

  —**Mi** perro es pequeno y activo. *My dog is small and active*

- Use a **possessive pronoun** if you take out the noun.

  —Preparaste tu almuerzo. ¿Preparaste **el mío**? *You made your lunch. Did you make **mine**?*

  —No, **el tuyo** lo hizo mamá.   *No, Mom made **yours**.*

- **Possessive pronouns** agree with the nouns they refer to.

	Masculine	Feminine	Masculine	Feminine
	Singular		**Plural**	
yo	el mío	la mía	los míos	las mías
tú	el tuyo	la tuya	los tuyos	las tuyas
Ud., él, ella	el suyo	la suya	los suyos	las suyas
nosotros(as)	el nuestro	la nuestra	los nuestros	las nuestras
vosotros(as)	el vuestro	la vuestra	los vuestros	las vuestras
Uds., ellos, ellas	el suyo	la suya	los suyos	las suyas

Éste es tu carro y ése es **el mío.** *This is your car and that one is **mine.***

- After the verb **ser** the definite article (**el, la, los, las**) is often omitted.

  —¿Son **suyas** estas llaves? *Are these keys **yours**?*

  —No, no son **mías.** *No, they aren't **mine**.*

11 Cada persona dice **de quién** son las cosas. Completa las oraciones siguiendo el modelo.

MODELO Son mis libros. Son **los míos.**

1. Es mi toalla. Es _____.

2. Es tu sillón. Es _____.

3. Son mis zapatos. Son _____.

4. Son tus llaves. Son _____.

5. Es nuestro teléfono. Es _____.

6. Es su blusa. Es _____.

7. Son sus útiles escolares. Son _____.

8. Son nuestras mascotas. Son _____.

54

Día a día

12 Mira los dibujos. Escribe la actividad de la lista que corresponde a cada uno.

hacer crucigramas	crear un álbum	reunirse en un café Internet
tocar la guitarra	trabajar en mecánica	tejer

_____ _____ _____

 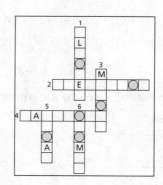 

_____ _____ _____

13 Contesta las siguientes preguntas con una frase apropiada en español.
How would you...

1. ...ask Elena if she is interested in learning to knit?

_____

2. ...say that you are more interested in playing cards?

_____

3. ...say that Miguel spends a lot of time jogging?

_____

4. ...ask Tomás how long he's been doing martial arts?

_____

VOCABULARIO 2

14 Escribe una pregunta para cada una de estas respuestas.

1. _____

   No, no me llama la atención pintar

2. _____

   Sí, pero mi mascota se cansa muy rápido.

3. _____

   No, prefiero aprender a hacer diseño por computadora.

4. _____

   Sí. Voy a crear un álbum con toda mi colección.

5. _____

   No, preferimos reunirnos en un café Internet.

6. _____

   Sí, pero los crucigramas en español son difíciles.

15 Natalia y Marco conversan sobre sus intereses para conocerse mejor. Completa la conversación con expresiones apropiadas del cuadro.

te interesan	¡Ay, qué pesado!	No, no me interesa.	me llama más la atención
para nada	te interesa	aprender a	te gustan sí, me interesan

—(1) ¿_____ tomar clases de guitarra?

—No, no me interesa. (2)_____ crear CDs.

—(3) ¿_____ los carros?

—(4)_____ mucho. Me gusta trabajar en mecánica.

—¿Y te gusta tejer suéteres?

—No, no me gusta tejer (5)_____. Es aburrido.

—¿A ti te interesa coleccionar pósters?

—(6)_____ Me llama más la atención coleccionar monedas.

—¿Y te interesa el esquí acuático?

—(7) _____ No me interesa para nada.

VOCABULARIO 2

16 Ayuda a Isabel a describir los intereses de sus compañeros de clase. Escoge la palabra entre paréntesis más apropiada para cada oración.

MODELO Me interesa mucho tomar **clases de guitarra** (clases de guitarra / crear un álbum)

1. Desde hace un tiempo, Luis colecciona _____ de diferentes países. (naipes / estampillas)

2. No les interesa para nada aprender a _____ calcetines y suéteres. (grabar / tejer)

3. A ella le encanta _____ para sus amigos. (crear CDs / cansarse)

4. A nosotros no nos gusta _____ porque siempre tienes que darle de comer. (hacer crucigramas / cuidar a una mascota)

5. Mis amigos y yo nos reunimos en un _____ todos los sábados. (crucigrama / café Internet)

6. A Julia le interesa _____ estampillas con personas que también las coleccionan. (intercambiar / conversar)

17 Lee esta nota de Ofelia, una estudiante. Luego escribe las respuestas de Ofelia a las preguntas. Usa tu imaginación y la información.

Soy Ofelia. Empecé a estudiar español en primer grado y me gusta mucho. No me interesa aprender otro idioma. Ya no practico esquí acuático porque prefiero las artes marciales. Me llama más la atención coser vestidos de gala. Me interesa mucho tejer. No me interesan para nada los deportes al aire libre.

1. ¿Cuánto tiempo hace que estudias español?

_____

2. ¿Te interesa aprender otro idioma?

_____

3. ¿Sigues practicando esquí acuático?

_____

4. ¿Qué te llama más la atención, coser o pintar?

_____

5. ¿Te interesan los deportes al aire libre?

_____

Negative expressions; *ninguno(a)*

- Negative expressions go before or after the verb. If they are placed after the verb, the word **no** always goes before the verb.

  No como **nunca** entre comidas.   *I **don't ever** eat between meals.*

- **Nada** and **nadie** are placed before the verb when they are the subject.

  Nadie tiene hambre hoy.   ***No one** is hungry today.*
  When **nadie** is the object of a verb, use the personal **a.**
  No veo **a** nadie en la sala.   *I don't see **anybody** in the living room.*

- **Ninguno** and **ninguna** should match the noun in gender.

  ¿Quieres una foto? No, no quiero **ninguna.**
  *Do you want a picture? No, I don't want **any.***
  ¿Compraste algún CD? No, no compré **ninguno.**
  *Did you buy a CD? No, I didn't buy **any.***

- **Ninguno** and **ninguna** can stand alone or go with a noun. **Ninguno** changes to **ningún** before a masculine singular noun.

  —¿Cuántas monedas de Perú tienes?   *How many coins from Peru do you have?*

  —No tengo **ninguna.**   *I don't have **any.***

  —No tengo **ninguna** estampilla. Tampoco tengo **ningún** póster de Perú.
  *I don't have **any** stamps. I don't have **any** posters of Peru either.*

---

18 La familia Rodríguez conversa en casa. Completa las oraciones con las palabras del cuadro.

ningún	a nadie	nunca	nadie	nada	ninguna	ninguno

MODELO
¿Por qué no se comieron **ninguna** manzana?

1. Yo creo que _____ aquí tiene hambre.

2. Mamá, estoy muy cansado. No quiero hacer _____ después de comer.

3. Los vecinos tienen dos perros pero nosotros no tenemos _____.

4. Papá, en esta casa _____ le interesa jugar naipes conmigo.

5. Yo _____ pude aprender a tejer suéteres.

6. No encuentro _____ crucigrama en el periódico.

> ### *Hace* with time expressions
>
> • To talk about an event that began in the past and is still going on, use:
>
> **hace** + time expression + **que** + a verb in the present tense.
>
> —¿Cuánto tiempo **hace que tocas** la guitarra? —**Hace** tres meses **que** la **toco.**
> *How long have you been playing* the guitar? *I've been playing* the guitar for
> *three months.*
>
> • These expressions are used with **hace... que** and a verb in the present tense.
>
> **una hora** **un día** **una semana** **un mes** **un año** **tiempo**

19 Rita y Martín están entrevistando a sus compañeros. Escribe las preguntas usando **¿Cuánto tiempo hace que...?** y las palabras entre paréntesis.

MODELO **¿Cuánto tiempo hace que juegas al fútbol? (jugar al fútbol)**

1. _____ (diseñar páginas Web)
2. _____ (coleccionar monedas)
3. _____ (coser vestidos de gala)
4. _____ (trabajar en mecánica)

20 El profesor les pregunta a los estudiantes sobre sus intereses. Contesta las preguntas usando las palabras entre paréntesis.

MODELO —¿Cuánto tiempo hace que tocas la guitarra? (seis meses)

 —**Hace seis meses que toco la guitarra.**

1. ¿Cuánto tiempo hace que lees ese libro? (un mes)

_____

2. ¿Cuánto tiempo hace que trotas por las noches? (una semana)

_____

3. ¿Cuánto tiempo hace que tus padres tienen una mascota? (poco tiempo)

_____

4. ¿Cuánto tiempo hace que tú y Susana son animadoras? (unos días)

_____

5. ¿Cuánto tiempo hace que Pablo estudia francés? (un año)

_____

6. ¿Cuánto tiempo hace que coleccionas estampillas? (mucho tiempo)

_____

GRAMÁTICA 2

Pero and *sino*

- Both **pero** and **sino** mean *but*, but they have different uses.
- Use **pero** to say **but** as in **however.**

  Me gusta caminar, **pero** no me gusta trotar. *I like to walk, but I don't like to jog.*

- Use **sino** to say *but* as in *"Not this, but that instead."* Use it after a negated verb.

  No quiero esa estampilla **sino** la otra.
  I don't want that stamp, but the other one instead.

- **Sino** is commonly used in this expression: **No sólo... sino también...**

  María **no sólo** intercambia revistas, **sino también** tarjetas.
  Maria not only trades magazines, but also cards.

---

21 Completa las oraciones con **sino** o **pero.**

1. Me encanta la música de piano, _____ no sé tocarlo.

2. No sólo quiero ir al cine, _____ también al teatro.

3. Quiero dormir hasta tarde, _____ tengo clases temprano.

4. Me gusta jugar naipes, _____ no juego muy bien.

5. Mi materia favorita no es el español _____ las matemáticas.

6. Me interesa el diseño por computadora, _____ no tengo tiempo para aprenderlo.

22 Completa estas oraciones usando la palabra **sino** o **pero** y el vocabulario apropiado que aprendiste en esta lección.

MODELO No me gusta dibujar para nada, **pero me encanta hacer diseño por computadora.**

1. Me llama la atención jugar naipes, _____

2. No me interesa mucho tejer _____

3. Mi madre no estudia español, _____

4. A mi padre no sólo le gusta la mecánica, _____

   _____

5. No me interesa aprender a coser _____

6. Mis hermanos hacen crucigramas, _____

7. Mi familia y yo tenemos intereses diferentes, _____

Recuerdos

1 En la clase de español, los estudiantes recuerdan su vida de niños. Completa las conversaciones con expresiones del cuadro. No necesitas usarlas todas.

te gustaba	de pequeño(a)	nos peleábamos	me fascinaba	tenías
te llevabas	malas notas	hacer travesuras	me fastidiaba	
me gustaba	te fastidiaba	te fascinaba	molestaba	

MODELO —¿Qué te gustaba hacer cuando tenías ocho años?

—A mí **me gustaba** jugar al pilla-pilla con mis amigos.

—(1)_____, ¿te llevabas bien con tus hermanos?

— No, (2)_____ compartir mis juguetes con ellos.

—¿Qué te gustaba hacer cuando (3)_____ diez años?

—(4)_____ en mi casa, como bañar al perro con el jabón de mi

mamá y peinarlo con el cepillo de mi papá.

—¿Qué te (5)_____ de niño(a)?

—Sacar (6)_____, porque ya no podía jugar al escondite con mis

vecinos.

—¿Cómo (7)_____ con tus hermanas?

—Bastante mal. (8)_____ casi todos los días.

2 A María le gustan los juegos y pasatiempos tranquilos *(calm)*. A Juan le gustan los juegos más activos. Para cada actividad de la lista, escribe **a)** si es una actividad que le gustaría a María o **b)** si es una actividad que le gustaría a Juan.

_____ 1. columpiarse

_____ 2. jugar al pilla-pilla

_____ 3. coleccionar láminas

_____ 4. jugar a las damas

_____ 5. trepar a los árboles

_____ 6. ver dibujos animados

_____ 7. jugar a la casita

_____ 8. saltar a la cuerda

VOCABULARIO 1

3 Lee las oraciones y usa la información que tienes para decidir a qué le gustaba jugar a cada una de estas personas.

_____ 1. Rubén tiene 400 láminas de deportes. De pequeño, le gustaba ___.
   a. coleccionar   **b.** jugar con bloques   **c.** jugar con muñecas

_____ 2. Ana conoce todos los programas de televisión de hace diez años. De pequeña le gustaba ___.
   a. jugar con muñecas   **b.** jugar a la casita   **c.** ver dibujos animados

_____ 3. A Luis le gustaba correr. Le fascinaba ___.
   a. columpiarse   **b.** echar carreras   **c.** compartir los juguetes

_____ 4. A Ricardo le fascinaba ir al parque. Le gustaba ___.
   a. jugar a las damas   **b.** coleccionar animales de peluche   **c.** columpiarse

_____ 5. Luisa se llevaba bien con su hermana porque le gustaba ___.
   a. pelear   **b.** sacar buenas notas   **c.** compartir los juguetes

4 Lee el párrafo que escribió Nina sobre cuando era niña. Luego, lee las oraciones siguientes y escribe **a)** si son **ciertas** o **b)** si son **falsas.**

Cuando tenía seis años, yo era bastante perezosa. Me gustaba hacer cosas como coleccionar láminas y ver dibujos animados. Odiaba jugar al pilla-pilla y nunca me columpiaba. Cuando tenía diez años, era más activa. Solía treparme a los árboles y saltar a la cuerda. Pero siempre me gustaban las clases y sacaba buenas notas. También era un poco traviesa y me gustaba hacer travesuras. Como ahora, soñaba con ser ingeniera y me fascinaban las clases de ciencias y matemáticas.

_____ 1. Cuando tenía seis años, a Nina probablemente le gustaba echar carreras.

_____ 2. Cuando tenía diez años, a Nina le gustaban las actividades al aire libre.

_____ 3. Nina era buena estudiante.

_____ 4. Nina era muy seria.

_____ 5. De niña, a Nina le fastidiaba hacer la tarea de matemáticas.

5 Lili y Pablo quieren pasar la tarde juntos, pero no saben qué hacer. Escribe lo que pregunta Lili para completar su conversación.

> **MODELO** Lili **¿Con qué sueñas?**
> **Pablo** Sueño con ser médico.

Lili _____

Pablo No, no me gustan los juegos de mesa.

Lili _____

Pablo No, es aburrido sentarme enfrente del televisor.

Lili _____

Pablo No, no quiero porque tengo miedo de caerme.

Lili _____

Pablo Mmm, me gusta mucho jugar con carritos.

Lili _____

Pablo Prefiero el negro. Gracias.

6 ¿Qué te gustaba hacer de niño(a)? Completa las oraciones con respuestas lógicas.

1. De pequeño(a), todos los días yo solía _____
   _____.

2. Los fines de semana, después de terminar mi tarea, me gustaba _____
   _____.

3. También me fascinaba _____.

4. Me molestaba _____
   y a veces me peleaba con _____.

5. Siempre soñaba con _____.

Recuerdos

Imperfect of regular verbs

• The **imperfect** says what someone used to do, what things were like, or how they used to be.

• To form the **imperfect,** change the infinitive ending to the imperfect endings.

	hablar	**comer**	**vivir**
yo	habl**aba**	com**ía**	viv**ía**
tú	habl**abas**	com**ías**	viv**ías**
usted, él, ella	habl**aba**	com**ía**	viv**ía**
nosotros(as)	habl**ábamos**	com**íamos**	viv**íamos**
vosotros(as)	habl**abais**	com**íais**	viv**íais**
ustedes, ellos, ellas	habl**aban**	com**ían**	viv**ían**

Mis amigos y yo **jugábamos.**   *My friends and I **used to play.***
Vivíamos cerca de un parque.   *We **lived** near a park.*

• To say what someone usually did, use the **imperfect** of **soler** + infinitive.
Solía coleccionar láminas de deportes. *I **used to collect** sports cards.*

• The **imperfect** is often used with expressions such as **muchas veces, a veces, (casi) siempre, (casi) nunca,** and **todos los años.**
Siempre jugábamos al escondite por las tardes.
*We **always played** hide and seek in the afternoons.*

---

7 Los primos hablan durante una reunión familiar. Completa las oraciones con el imperfecto de los verbos entre paréntesis.

MODELO ¿Recuerdan cuando teníamos seis años? Nosotros

solíamos (soler) ir al parque por las tardes.

—Sí, Marcos siempre **(1)**_____ (molestar) a Susana porque ella no

podía trepar a los árboles.

—Pero ella siempre le **(2)**_____ (ganar) cuando ellos **(3)**_____

(echar) carreras en el parque.

—Nosotros siempre **(4)**_____ (hacer) alguna travesura. ¿Se acuerdan

cuando rompimos la lámpara de la sala?

—Sí, eso fue cuando José y Ana **(5)**_____ (vivir) en la calle Madero.

—Me gustaba ir a su casa. Nosotros **(6)**_____ (comer) manzanas y luego

(7)_____ (jugar) hasta la hora de cenar.

64

GRAMÁTICA 1

The imperfect of *ir* and *ver*

• In the imperfect, the verbs **ir** and **ver** are irregular.

	ir	**ver**
yo	**iba**	**veía**
tú	**ibas**	**veías**
usted, él, ella	**iba**	**veía**
nosotros(as)	**íbamos**	**veíamos**
vosotros(as)	**ibais**	**veíais**
ustedes, ellos, ellas	**iban**	**veían**

A veces **veíamos** dibujos animados cuando **iba** a tu casa.
*Sometimes **we would watch** cartoons when **I went** to your house.*

---

8 Raúl está hablando de lo que hacía su familia cuando él era niño. Completa el párrafo con el imperfecto de los verbos entre paréntesis.

Mi familia y yo siempre **(1)**_____ (ir) a la playa los fines de semana. Allí,

mis hermanos siempre **(2)**_____ (ver) dibujos animados y yo

(3)_____ (ir) al parque de diversiones. Mis amigos también

(4)_____ (ir) allí y nos **(5)**_____ (ver) todos los sábados. A

veces mis amigos y yo **(6)**_____ (ir) al cine.

9 Tu amigo te está preguntando sobre cómo eras de niño(a). Contesta las preguntas.

1. ¿Veías mucha televisión de niño(a)?

   _____

2. ¿Iban tú y tu familia a la playa todos los veranos?

   _____

3. ¿Se veían frecuentemente *(frequently)* tú y tus primos?

   _____

4. ¿Ibas al cine mucho con tus amigos?

   _____

5. ¿Qué hacías de niño(a) los fines de semana?

   _____

GRAMÁTICA 1

Verbs with reciprocal actions

- **Reciprocal actions** involve two or more people doing something **to** or **for each other.**

- Use the reciprocal pronouns *nos, os,* or *se* with a plural verb form to show that an action is reciprocal.

ayudarse

nosotros(as)	**nos**	ayudamos
vosotros(as)	**os**	ayudáis
ustedes, ellos, ellas	**se**	ayudan

- You can tell whether an action is **reflexive** or **reciprocal** from the context.

  Ellas **se vieron** en el espejo. *(reflexive)   They looked at themselves in the mirror.*
  Ellas **se vieron** en el café. *(reciprocal)   They saw each other in the café.*

- Some verbs that express reciprocal actions are: **abrazarse, ayudarse, quererse, respetarse,** and **contarse cuentos / chistes.**

---

10 Escribe oraciones en el imperfecto con estas palabras. Usa pronombres recíprocos.

MODELO Marta y Luis / abrazarse / en el cine
Marta y Luis se abrazaban en el cine.

1. Nosotras / ayudarse / tarea _____

2. Mis primos / contarse cuentos / terror

_____

3. Tu papá y tú / quererse / mucho _____

4. Ustedes / ayudarse / limpiar _____

5. Ellas / prestarse / libros _____

6. Mi mamá y yo / respetarse / siempre _____

11 Indica si lo que dicen estas personas es **lógico** o **ilógico,** según el contexto.

_____ 1. Nos respetábamos y por eso no nos llevábamos bien.

_____ 2. Nos ayudábamos; yo sacudía los muebles y ella lavaba la ropa.

_____ 3. Nos queríamos mucho, por eso nos veíamos todos los días.

_____ 4. No me gusta hablar con él, por eso nos contamos chistes.

_____ 5. A veces nos dábamos la mano cuando nos saludábamos.

_____ 6. Roberto está en mi clase de biología pero nunca nos vemos.

Recuerdos

12 Completa el crucigrama *(crossword puzzle)* usando las pistas *(clues)* de abajo.

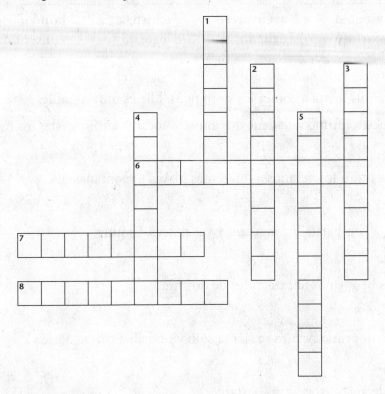

VERTICALES

1. Alguien que no quiere compartir

2. Alguien que hace lo que le dicen

3. Una muchacha a quien le gusta jugar

4. Una muchacha que cuenta muchos chistes

5. Un muchacho que habla mucho

HORIZONTALES

6. Una persona que no sabe esperar

7. Un muchacho que habla mucho de otras personas

8. Una muchacha que prefiere estar sola

13 Tus hermanos y tú están describiendo a los miembros de su familia. Completa las oraciones con palabras apropiadas del cuadro.

cariñosa	amable	aventurero	chistosa	bondadoso
impaciente	curioso	callado	egoísta	consentida

MODELO

Tía Rosita siempre nos invita a comer los domingos. Ella es muy **amable**.

1. A Gustavo, nuestro primo que tiene dos años, le encanta abrir puertas. Es muy

_____ .

2. Tío Elías viaja todos los veranos a diferentes playas y montañas. Es

_____ .

3. A Raúl le gusta compartir sus juguetes y sus dulces. Es muy

_____ .

4. Mi mamá nos besa y nos abraza antes de dormir. Es

_____ .

5. En las fiestas, mi primo Arturo se sienta solo y no habla con nadie. Es

_____ .

6. Al abuelo no le gusta esperar. Es bastante _____ .

14 Los nietos del abuelo José quieren saber cómo era él de joven. Escoge la palabra entre paréntesis que mejor completa cada oración.

—Abuelo, ¿cómo eras en aquel entonces?

—Bueno, yo era bastante (**1**)_____ (solitario / chismoso); me gustaba

mucho leer. La verdad es que yo era (**2**)_____ (estricto / obediente)

con mis padres y creo que por eso yo era un poco (**3**)_____ (juguetón

/ consentido). Eso sí, era muy (**4**)_____ (bueno / curioso), siempre

quería conocer lugares nuevos e interesantes. Mis hermanos decían que yo era

(**5**)_____ (aventurero / paciente).

—¿Y tus amigos? ¿Cómo eran?

—Eran muy diferentes, pero todos eran (**6**)_____ (buena gente /

egoístas). Eran muy (**7**)_____ (amables / conversadores), ¡lo contrario

que yo!

VOCABULARIO 2

15 Roxana les pregunta a sus amigos cómo se sintieron en diferentes situaciones *(situations)*. Contesta las preguntas.

MODELO ¿Cómo te sentiste cuando supiste que no había un examen de español?
¡Me pareció fenomenal!

1. ¿Cómo te sentiste con la partida de tu mejor amigo?

   _____

2. ¿Cómo te sentiste cuando te dijeron que no podías ir al viaje?

   _____

3. ¿Cómo te sentiste cuando supiste de la enfermedad de tu amiga?

   _____

4. ¿Cómo te sentiste cuando te dijeron que ganaste mil dólares?

   _____

5. ¿Cómo te sentiste cuando supiste del nacimiento de tu hermano?

   _____

6. ¿Cómo te sentiste cuando te dijeron de la muerte de tu abuela?

   _____

16 Pon en orden la conversación entre Marina y Pedro, usando las letras **a, b, c, d** y **e.**

   _____ —Cuando me enteré, no lo pude creer. ¡Qué bien!

   _____ —Sí, tienes razón. ¿Cómo eran de jóvenes?

   _____ —¿Cómo te sentiste cuando supiste lo de Laura y Roberto?

   _____ —¡A mí me pareció fenomenal también! Son buena gente.

   _____ —Eran muy simpáticos y juguetones.

69

Recuerdos

Imperfect of *ser* and *haber*

• The imperfect of **ser** is used for describing what someone or something was generally like in the past. Its forms are irregular:

yo	**era**	nosotros(as)	**éramos**
tú	**eras**	vosotros(as)	**erais**
usted, él, ella	**era**	ustedes, ellos, ellas	**eran**

Yo **era** muy callada y mis hermanos **eran** juguetones.
*I **was** very quiet and my brothers **were** playful.*

• Use the **imperfect** form **había** to say what *there was / were* or *what there used to be* in the past.

Había muchos niños pequeños. ***There were** many small children.*

---

17 Josefina cuenta cómo era su familia y qué había en su casa de niña. Escribe oraciones con la información que se da, usando el imperfecto de **ser** y **haber**.

MODELO jardín / mejor lugar / jugar

Había un jardín y era el mejor lugar para jugar.

1. casa grande / cuatro habitaciones y tres baños

_____

2. dos perros / traviesos y juguetones

_____

3. mamá / buena cocinera / postres deliciosos

_____

4. hermanos traviesos / siempre / juguetes en el piso

_____

18 Mi tío dice cómo eran antes unas cosas y cómo era él. Completa las oraciones con **ser** o **haber** en el imperfecto y el opuesto (*opposite*) de la palabra subrayada (*underlined*).

MODELO Ahora soy <u>conversador</u>, pero antes **era callado.**

1. Ahora hay televisión <u>a colores</u>, pero antes _____.

2. Ahora hay <u>pocos</u> nacimientos, pero antes _____.

3. Ahora soy <u>paciente</u>, pero antes _____.

4. Ahora hay muchos niños <u>consentidos</u>, pero antes _____.

GRAMÁTICA 2

Preterite with mental and emotional states

- Use the preterite of verbs like **ponerse** and **sentirse** to describe emotional or mental reactions and changes in the past.

    Te pusiste contento cuando llegaron. *You became happy when they arrived.*

    Me sentí cansado después de los exámenes. *I felt tired after the exams.*

- **Querer** in the preterite can be used to talk about reactions at a specific point in the past. It means having the urge to do something, or it can mean refusing to do something (when it's used with **no**).Use **saber** in the preterite to say that someone found out something.

yo	**quise**	**supe**
tú	**quisiste**	**supiste**
usted, él, ella	**quiso**	**supo**
nosotros(as)	**quisimos**	**supimos**
vosotros(as)	**quisisteis**	**supisteis**
ustedes, ellos, ellas	**quisieron**	**supieron**

    Él **quiso** ir con ella cuando **supo** de su partida.
    *He **wanted** to go with her when he **found out** she was leaving.*

- Use the preterite of **estar** when talking about being or feeling a certain way for a certain period of time.

    Estuve enfermo toda la semana. *I **was** sick all week.*

---

19 Completa cada oración con las palabras del cuadro.

quisieron	se sintió	quisimos	supe	se puso	estuve
nos pusimos	estuvieron	supimos	supo	quise	me sentí

1. El bautizo les dio tanta alegría que _____ gritar.

2. Cuando el profesor vio las notas en los exámenes, él _____ que los estudiantes no estudiaron.

3. Cuando oí de la muerte de mi tía, _____ llorar.

4. Pili y Ana _____ preocupadas durante la enfermedad de su hermano.

5. Cuando Nicolás y yo oímos del nacimiento de nuestra hermana, _____ contentos.

6. Después de la graduación, Raúl y yo _____ celebrar.

7. ¿Cómo _____ Lourdes cuando supo las noticias?

71

Preterite of *creer, construir, leer, oír; caerle a uno*

- The verbs **creer, leer, oír,** and **caer(se)** have the same preterite endings. The verb **construir** has the same endings, but has no accent marks in the **nosotros, tú,** and **vosotros** forms.

	leer	oír
yo	leí	oí
tú	leíste	oíste
usted, él, ella	leyó	oyó
nosotros(as)	leímos	oímos
vosotros(as)	leísteis	oísteis
ustedes, ellos, ellas	leyeron	oyeron

- The verb **caerse** means *to fall* or *to fall down.*

  Los platos **se cayeron** de la mesa.   *The plates **fell** off the table.*

- Use **caer** with an **indirect object pronoun** to talk about the impression some-one makes on others.

  A mí **me cayó** bien la nueva profesora.
  *The new teacher **made a good impression** on me.*

---

20 Lee lo que le pasó a Isaac y completa el párrafo con el pretérito de los verbos entre paréntesis.

¿Te (1)_____ (caer) alguna vez de tu bicicleta? No puedo olvidarme del

día cuando me (2)_____ (caer) de la bicicleta. Primero (3)_____

(oír) el grito *(shout)* de un amigo y después (4)_____ (leer) ese letrero:

"Peligro, no pasar"; demasiado tarde. Mis dos vecinos, que venían detrás de mí,

también se (5)_____ (caer). Mi mamá no me (6)_____ (creer)

cuando le conté la historia. Además de lastimarnos, rompimos una casa de madera

(wood). Era el juguete de una niña a quien (7)_____ (caer) muy mal y se

puso a llorar. Ella no (8)_____ (creer) que era un accidente *(accident).*

Nosotros (9)_____ (construir) otra vez *(again)* la casa de madera de la

niña y nos fuimos a casa lastimados y cansados.

¡Buen provecho!

1 Mira los dibujos. Escribe la palabra apropiada del cuadro con cada dibujo.

la pera	los mariscos	los bocadillos	el plátano	las fresas
un surtido de frutas frescas		la ensalada mixta	la lechuga	las piñas

1. _____   2. _____   3. _____

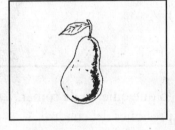

4. _____   5. _____   6. _____

7. _____   8. _____   9. _____

2 José trabaja en un restaurante. Ayúdalo a completar el menú del día. Usa las palabras del cuadro.

| bistec | caldo | pollo | crema | ensalada | sopa | flan | cerdo |

Restaurante "La Palma"
Menú del día

_____ de verduras

_____ de pollo

_____ mixta

Chuleta de _____ con gandules

_____ asado

_____ encebollado

_____ de vainilla

Fresas con _____

---

3 Unos amigos están en un restaurante y van a pedir lo que quieren de comer. Completa su conversación con el mesero con las expresiones del cuadro.

no se la recomiendo	nos trae el menú	tráiganos la cuenta
se les ofrece algo más	bistec a la parrilla	el plato del día
qué nos recomienda	trae dos	aguada
qué tal está	inmediatamente	

—(1) ¿_____, por favor?

—Sí, (2)_____ se lo traigo.

—(3)¿_____ para comer?

—(4)_____ está muy rico. Es (5)_____.

—Mmm, qué rico, ¿nos (6)_____, por favor?

—Cómo no. (7)_____

—Sí. (8)_____ la sopa de ajo?

—(9)_____. Está muy (10)_____.

—Entonces nada más. (11)_____, por favor.

74

VOCABULARIO 1

4 Luisa y su familia cenan en un restaurante y se preguntan unos a otros cómo está la comida. Contesta las preguntas usando las palabras entre paréntesis.

MODELO —¿Qué tal está el gazpacho? (exquisito)
—**¡Está exquisito!**

1. ¿Probaste el bistec encebollado? (quemado)

   _____

2. ¿Qué tal está la chuleta de cerdo? (recomendar / en su punto)

   _____

3. ¿Probaste la ensalada mixta? (faltar)

   _____

4. ¿Qué tal está la sopa de fideos? (no recomendar / echada a perder)

   _____

5. ¿Probaste el flan de vainilla? (recomendar / perfecto)

   _____

6. ¿Qué tal están las fresas con crema? (no recomendar / faltar)

   _____

5 Alberto está escuchando una conversación en un restaurante. Escribe al lado de cada oración si lo que escucha lo dice el mesero o el cliente.

1. ¿Me trae el menú, por favor? _____

2. ¿Qué me recomienda? _____

3. El plato del día es pollo asado. _____

4. ¿Me trae la sopa, por favor? _____

5. ¿Se le ofrece algo más? _____

6. Se lo recomiendo, está muy sabroso. _____

7. Tráigame la cuenta, por favor. _____

8. Cómo no, enseguida se la traigo. _____

9. ¿Quiere aceite de oliva y vinagre? _____

10. ¿Qué hay de especial? _____

(75)

¡Buen provecho!

Double object pronouns

- The verbs **recomendar, dejar, pedir, servir, traer, llevar** and **dar** can have a **direct object** and an **indirect object**.

  Mi tío **les** pidió (a mis primos) **dos ensaladas mixtas.**
  *My uncle ordered **two mixed salads for my cousins.***

- The **indirect object pronoun** always comes first when using it together with a **direct object pronoun.** Change **le/les** to **se** when used with **lo/la/los/las.**

  —¿**Le** pediste el pollo?   *Did you order the chicken **from him?***
  —Sí, ya **se lo** pedí.   *Yes, I already ordered **it from him.***

- When you use two object pronouns together, the **direct object pronoun** will usually be **lo, la, los,** or **las.**

  Queremos ver el menú. Por favor, tráига**noslo.**
  *We want to see the menu. Please bring **it to us.***

---

6 El restaurante donde trabaja Josefina está lleno y hay mucho trabajo. Contesta las preguntas usando el verbo entre paréntesis, un pronombre de complemento directo y un pronombre de complemento indirecto.

> **MODELO** ¿Me puede traer el menú?
> Sí, **se lo traigo** enseguida. (traer)

1. ¿Nos trae el menú?

   Sí, en un momento _____. (traer)

2. Quiero una sopa de ajo, por favor.

   Ahora _____. (servir)

3. Quiero la cuenta, por favor. ¿Puedes _____? (traer)

4. Alfredo, pídele a la mesera dos bistecs a la parrilla.

   Sí, ya _____. (pedir)

5. ¿Hay que dejar propina para la mesera?

   Sí, debes _____ sobre la mesa. (dejar)

6. Josefina, ¿me recomiendas de postre las fresas con crema?

   Sí, _____. (recomendar)

76

Commands with double object pronouns

- For an affirmative command, attach the **object** or **reflexive pronoun** to the end of the verb, and for a negative command place pronouns just before the verb.

    —Óscar, péin**ate** por favor.   *Óscar, comb your hair please.*
    —Si no quieres postre, no **lo** sirvas.   *If you don't want dessert, don't serve **it**.*

- You can use an **indirect object pronoun** followed by a **direct object pronoun** in commands following the same placement rules.

    —¿Quieres sopa?   *Do you want soup?*
    —Sí, píde**mela** por favor.   *Yes, order **it for me**, please.*

- When a **reflexive pronoun** is used together with a **direct object,** the reflexive pronoun goes before the noun or pronoun.

    —Ana, láv**ate** las manos   *Ana, wash your hands*
    antes de servir la comida.   *before serving the food.*
    —Pero, ya **me las** lavé.   *But, I already washed them.*
    —Láva**telas** otra vez.   *Wash them again.*

---

7 Alfredo es el nuevo mesero en el restaurante Alhambra y tiene muchas preguntas. Completa la conversación entre Alfredo y el jefe del restaurante. Usa mandatos con pronombres de complemento directo e indirecto.

MODELO —¿Debo decirles el plato del día a los clientes?
      —**Sí, díselo.**

1. ¿Tengo que ofrecerles unas bebidas?

   _____

2. ¿Me llevo la lista de entremeses?

   _____

3. ¿Debo traerles la ensalada antes del plato principal?

   _____

4. ¿Les traigo los postres cuando todavía están comiendo el plato principal?

   _____

5. ¿Les pido la propina?

   _____

(77)

GRAMÁTICA 1

Adverbs

- Adverbs can modify verbs, adjectives, or other adverbs. They often tell *how, how much, how often, how well,* or *when* someone does something.

a tiempo	igualmente	nunca
a veces	luego	peor
ayer	mal	poco
bien	más	siempre
casi	mejor	tarde
demasiado	menos	temprano
después	mucho	todavía (no)
entonces	muy	ya

- Many adverbs that end in **-ly** in English end in **-mente** in Spanish.

sola ➔ **solamente**   nerviosa ➔ **nerviosamente**

fácil ➔ **fácilmente**   amable ➔ **amablemente**

inmediatamente   generalmente   furiosamente   tranquilamente

rápidamente   lentamente   afortunadamente   típicamente

- If an adjective has an accent mark, keep it after adding **-mente: rápidamente.**

---

8 Marcos tiene un restaurante pequeño y te escribe una carta para contarte lo que hace. Complétala con los adverbios correctos del cuadro de arriba.

Hola, te escribo para hablarte de mi restaurante. _____,

después de hacer las compras, abro el restaurante y _____

hablo con el cocinero. Él _____ me dice cuál va a ser el plato

del día y qué va a cocinar. _____, llegan los meseros.

_____ limpian y arreglan las mesas cuando llegan.

_____ empiezan a llegar clientes a las once. Muchos leen el

menú _____ y me preguntan qué les recomiendo.

_____ muchos clientes piden la especialidad de la casa.

Muchos clientes tienen que regresar al trabajo en media hora, por eso, nosotros

tratamos de llevarles su comida _____.

9 Explica qué haces cuando vas a un restaurante. Completa las oraciones.

1. Siempre _____

2. Nunca _____

3. Típicamente _____

Holt Spanish 2   Cuaderno de vocabulario y gramática

¡Buen provecho!

10 Completa las oraciones con una palabra apropiada del cuadro según el contexto.

recetas	picar	cebolla	ají
picado	ingredientes	cucharada	especias

1. Mi mamá tiene las mejores _____ para hacer dulces.

2. Normalmente lloro cuando pico una _____.

3. La receta dice que debo añadir una _____ de aceite.

4. A mi hermana le encanta poner muchas _____ en la comida.

5. A mí sólo me gusta echarle _____ a la comida.

6. Mi mamá dice que es mejor _____ el ajo antes de echarlo.

7. Yo creo que el ajo _____ no está tan rico como en trozos.

8. Una receta normalmente tiene una lista de _____.

11 Escuchas las siguientes conversaciones en un restaurante a la hora de comer. Escribe la letra de la oración del cuadro a la derecha que sigue cada oración o pregunta de la izquierda.

_____ 1. ¿Qué lleva la sopa? Sabe a cebolla.

_____ 2. ¿Llevas una dieta balanceada?

_____ 3. ¿Eres vegetariano?

_____ 4. Le echo mucha sal a la comida.

_____ 5. ¿Cómo se prepara la sopa de fideos?

_____ 6. ¿Quieres huevos revueltos?

a. No. Como carne y pollo.
b. Le eché solamente una cebolla.
c. Se hierven en caldo de pollo.
d. No. Como mucha comida rápida.
e. No, los prefiero fritos.
f. Cuidado. Es malo para la salud.

VOCABULARIO 2

12 Empareja cada palabra con su significado *(meaning)* escribiendo la letra de cada palabra junto a la frase más apropiada, según el contexto.

_____ 1. Demasiado frío.

_____ 2. Cuando algo se calienta mucho y cambia de forma sólida a líquida *(solid form to liquid)*.

_____ 3. Cocinar con aceite.

_____ 4. Que no está cocido.

_____ 5. Cocinar en agua.

_____ 6. Cocinar en el horno.

_____ 7. Poner algo más.

_____ 8. Que no está crudo.

> **a.** freír
> **b.** congelado
> **c.** hornear
> **d.** hervir
> **e.** derretir
> **f.** crudo
> **g.** cocido
> **h.** añadir

13 Alma va a ver al médico, y él le hace algunas preguntas sobre su dieta. Completa la conversación con las palabras del cuadro.

frutas frescas	grasa	mayonesa y mostaza	dieta	sal
comida rápida	vitaminas	vegetales crudos	nutritivas	

MODELO —¿Llevas una **dieta** balanceada?

—Bueno, más o menos. Muchas veces no tengo tiempo para cocinar y

compro (**1**)_____; sé que tiene mucha

(**2**)_____.

—Pero, ¿tratas de añadir algunos (**3**)_____ y algunas

(**4**)_____ a tu dieta?

—Sí claro, pero no siempre me gustan. Mi mamá dice que debo comer cosas

(**5**)_____.

—¿Le echas mucha (**6**)_____ a la comida?

—Sí, me gusta mucho la sal. Frecuentemente también les pongo

(**7**)_____ a algunas comidas.

—¿Qué te parece si para cambiar poco a poco tu dieta, comes menos grasa y

tomas algunas (**8**)_____?

—Está bien, doctor. Gracias.

14 Roberto y Valeria están en la clase de cocina. Escoge la palabra entre paréntesis que mejor completa las oraciones.

MODELO ¿Qué lleva el **bistec** (bistec / plátano) encebollado?

Lleva pocos (**1**)_____ (porciones / ingredientes): una

(**2**)_____ (fresa / cebolla) picada, una cucharadita de sal,

pimienta y aceite.

—Y ¿cómo se prepara?

—Es muy fácil. Se le añade sal y (**3**)_____ (pimienta /

huevos) al gusto. Se (**4**)_____ (añade / fríe) en aceite bien

caliente junto con las cebollas y se sirve.

—¿Y qué lleva la ensalada? (**5**)_____ (Cubre / Sabe) a

especias.

—Sí, le eché (**6**)_____ (mostaza / cucharadita), ajo y un ají

seco. Además lleva vegetales (**7**)_____ (derretidos /

crudos), huevo (**8**)_____ (cocido / congelado) y atún.

—El flan que hiciste huele a (**9**)_____ (vainilla / ajo). ¡Y se

ve muy rico!

—Gracias. Lleva sólo una (**10**)_____ (trozo / cucharada) de

azúcar.

15 Pon en orden esta receta para tortilla española usando las letras **a, b, c, d** y **e**. Empieza con **a**.

_____ Se echa más sal al gusto. Se sirve caliente.

_____ Se fríen las papas en aceite y después de diez minutos, más o menos, se les añade la cebolla y se termina de freír. Se echa una cucharada de sal.

_____ Se cocina todo en la estufa cuatro o cinco minutos por cada lado.

_____ En un plato hondo se revuelven bien los huevos. Se sacan las papas y las cebollas fritas y se mezclan con los huevos en el plato hondo.

_____ Se cortan las papas en trozos muy pequeños. Se pica la cebolla.

¡Buen provecho!

GRAMÁTICA 2

More uses of the imperfect

- When talking about the past, use the imperfect *to set the scene*. Use the conjunction **mientras** to join two things that happened at the same time.

    Los meseros **servían mientras** otras personas **esperaban.**

- Use the imperfect after the **preterite** of **decir** with **que** to say *what someone said.*

    El pollo no **tiene** sal. El cliente **dijo** que el pollo no **tenía** sal.

---

16 Sergio está contando cómo celebró su cumpleaños hace dos años. Completa lo que dice con verbos apropiados del cuadro. Usa el imperfecto.

tener	ser	buscar	cerrar	ir	estar	saber	leer

Bueno, (1)_____ un sábado por la noche. Mis amigos y yo

(2)_____ en mi casa y no (3)_____ ni idea de lo que

(4)_____ a hacer. Yo (5)_____ una revista mientras un amigo

mío (6)_____ ideas en Internet. Entonces, él vio el anuncio de un restau-

rante nuevo. Hablamos un rato pero no (7)_____ si ir o no. Entonces

miramos la hora. El restaurante (8)_____ a las nueve... ¡y ya eran

las once!

17 Ángela y María prepararon una comida para sus amigos. Escribe qué dijeron sus amigos durante la comida.

MODELO El flan está bueno. (Raúl) **Raúl dijo que el flan estaba bueno.**

1. La ensalada no sabe a aceite de oliva. (la profesora)

    _____

2. Las fresas con crema están congeladas. (Carla y Felipe)

    _____

3. Esta tortilla se prepara con mucha cebolla. (Ellos)

    _____

4. El gazpacho es la especialidad de María. (Ángela)

    _____

The imperfect

Use the imperfect to:

- set the scene and tell the circumstances surrounding an event in the past.

  Era domingo y mis hermanas celebraban una fiesta. Todos se divertían

- talk about what people were like, how they used to feel, and what they used to like and dislike.

  Antes no **nos gustaba salir** a restaurantes. Siempre **comíamos** en casa.

- contrast past routines or situations with the present.

  Antes no **salíamos** a restaurantes. Ahora **vamos** todos los domingos.

---

18 Mira el dibujo de las personas en el restaurante. Completa las oraciones con verbos en el imperfecto.

MODELO Era un viernes al mediodía.

1. Tres amigos _____ en un restaurante.

2. _____ muy contentos.

3. Mientras les _____ la comida,

   ellos _____ tranquilamente.

4. Cuando ya se _____, le pidieron la cuenta al mesero.

19 Ana habla de qué hacía antes su familia y qué hace ahora. Completa la primera oración con el verbo en el imperfecto y la segunda con el verbo en el presente.

MODELO usar especias / casi no
   La abuela **usaba muchas especias**. Ahora **casi no las usa.**

1. preferir freír comida / hornear

   Mi mamá _____. Ahora _____.

2. comer comida rápida / comer menos

   De niña, _____. Ahora _____.

3. probar verduras / ser vegetariano

   Mi primo no _____. Ahora _____.

4. echar mucha sal / echar poca

   Yo _____ a la comida. Ahora _____.

83

> ## Past participles used as adjectives
> • To form past participles use **-ado** with **-ar** verbs and **-ido** with **-er** and **-ir** verbs.
>
>   El pollo **horneado** está **servido**.　　*The **baked** chicken is **served**.*
>
> • Many adjectives that describe how food is cooked or prepared are past participles.
>   **Freír** y **revolver** have irregular past participles.
>
> | | | | |
> |---|---|---|---|
> | asado(a) | congelado(a) | hervido(a) | quemado(a) |
> | balanceado(a) | derretido(a) | horneado(a) | revuelto(a) |
> | cocido(a) | frito(a) | picado(a) | tostado(a) |
>
> • Past participles used as adjectives must match the noun in number and gender.
>
>   Las **papas fritas** no son nutritivas.　　*French fries are not nutritious.*

20 Completa cada oracíon con un participio pasado apropiado.

MODELO Es fácil preparar el pollo **asado**.

1. Necesitas un cuchillo para preparar ajos _____.

2. Con una hamburguesa, normalmente se comen papas _____.

3. Si no tienes verduras frescas, puedes comprar vegetales _____.

4. A mucha gente le gusta cubrir los mariscos con mantequilla

   _____.

5. El pastel todavía no está _____.

6. Con los huevos revueltos, me gusta el pan _____.

7. Las chuletas saben terrible. Están _____ a perder.

8. ¿Cuánta agua le echaste a la sopa? Está muy _____.

9. Me quemé con agua _____.

21 Contesta las siguientes preguntas usando los participios pasados de verbos apropiados.

1. ¿Puedo comerme estas chuletas?

   _____

2. ¿Ya has preparado el pollo?

   _____

3. ¿Cómo te gustan los huevos?

   _____

4. ¿Añades la cebolla entera *(whole)* a la sopa?

   _____

Tiendas y puestos

1 Estos jóvenes van de compras. Mira los dibujos y completa las oraciones.

MODELO Necesito unas **corbatas** para mi traje nuevo.

1. Los _____ me quedan flojos.

2. En la _____ de este vestido está el precio.

3. Este _____ negro es muy elegante.

4. El _____ que compré está en oferta.

5. Esta _____ hace juego con mi abrigo.

6. La _____ me cobró 50 centavos más.

2 Trabajas en una tienda de ropa. Escoge la palabra entre paréntesis para completar lo que dicen los clientes.

1. No iba a comprar tres faldas, pero me dieron un _____ (descuento / espejo).

2. Los pantalones son muy grandes. Me quedan _____ (apretados / flojos).

3. ¿Quieres _____ (probarte / hacer juego) este vestido?

4. Quería comprar unos zapatos, pero no había en mi _____ (impuesto / número).

5. Vi que las chancletas estaban en _____ (vitrinas / oferta), así que compré dos pares.

VOCABULARIO 1

3 Completa el crucigrama *(crossword puzzle)* usando las pistas *(clues)* de abajo.

HORIZONTAL

1. La ropa de mi hermana mayor me queda...

6. El cinturón es pequeño, me queda...

VERTICAL

2. Es la última venta, cierran mañana, es una venta de...

3. La ropa está en oferta; por eso tiene...

4. Me cobraron $4 más por el...

5. Para ver cómo me queda la ropa, voy al...

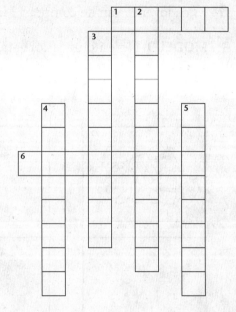

4 Dos amigas están en el probador de ropa. Contesta las preguntas con oraciones completas y las formas correctas de las palabras entre paréntesis.

MODELO —¿Cómo te quedan los jeans? (flojo) **Me quedan muy flojos.**

1. ¿Cómo me veo con esta minifalda? (guapísimo / color bonito)

   _____

2. ¿Cómo te queda el cinturón? (quedar bien / no hacer juego / zapatos)

   _____

3. ¿Qué te parece este traje? (muy elegante / estar en oferta)

   _____

4. ¿Cómo me queda el vestido rojo? (no sentar bien)

   _____

5. ¿Cómo me veo con esta blusa? (no verse bien / quedar apretado)

   _____

5 Hay muchas personas en la tienda de ropa. Escoge la palabra entre paréntesis que mejor completa lo que dice cada persona.

MODELO Compré dos cinturones porque estaban en **oferta**. (oferta / precio)

1. Voy a _____ (regatear / cambiar) esta blusa por una blusa de talla más pequeña.

2. En la _____ (etiqueta / venta) de esta corbata dice $10.

3. _____ (La cajera / El traje) dice que la próxima semana hay descuentos.

4. Disculpe, ¿qué cajas están _____? (probando / cobrando)

5. Después de pagar la ropa, el cajero me dio un _____. (impuesto / recibo)

6. En esta tienda no bajan los precios. No se puede _____. (regatear / cobrar)

7. No me veo bien en minifalda. ¿Tienen faldas a media _____? (oferta / pierna)

6 Rosa y Leona hablan de la última vez que fueron de compras. Pon en orden su conversación usando las letras **a, b, c, d, e, f** y **g**. Empieza con **a**.

_____ —Sí, todo estaba en oferta.

_____ —Rosa, ¿encontraste los jeans que buscabas?

_____ —Sí, y estaba en oferta. La compré. ¿Y tú? ¿Compraste algo?

_____ —Sí, pero no había en mi número. Me probé una falda.

_____ —Pues, sí. Había una venta de liquidación en la tienda Maxine.

_____ —¿Te quedó bien?

_____ —Entonces, había muchos descuentos, ¿no?

Tiendas y puestos

GRAMÁTICA 1

Imperfect and preterite: Saying what was in progress

- The imperfect and the preterite are used when talking about the past. You can use them together.

- The imperfect is used when talking about situations, what things were like, or what was going on. It does not tell you when an event began or ended.

  La falda **me quedaba** apretada.   *The skirt **was tight on me.***

- The preterite is used with the imperfect to talk about an event that began or ended while something else was going on.

  Tú **mirabas** la vitrina cuando **pasé** junto a ti.
  *You **were looking** in the shop window when I **passed** by you.*

---

7 Raquel fue de compras el sábado. Completa las oraciones con los verbos entre paréntesis en el pretérito o en el imperfecto.

MODELO Raquel **oyó** (oír) que **había** (haber) muchos descuentos en la tienda.

1. Ella _____ (necesitar) comprar ropa y por eso _____ (ir) de compras el sábado por la tarde.

2. Ella _____ (ver) que las faldas _____ (estar) en oferta.

3. Ella _____ (escoger) dos pantalones y una falda mientras _____ (hacer) cola en el probador.

4. Mientras se _____ (probar) la ropa, _____ (ver) a su amiga Olivia.

5. Raquel le _____ (preguntar) cómo le _____ (quedar) la ropa.

6. Olivia le _____ (decir) que le _____ (sentar) muy bien.

7. Las amigas _____ (ir) juntas a la caja y Raquel _____ (pagar) la ropa.

8. Olivia _____ (comprar) una falda mientras Raquel _____ (esperar).

9. Ellas _____ (caminar) por el centro comercial cuando me _____ (ver) a mí.

10. Como nosotras _____ (tener) hambre, _____ (decidir) comer allí.

Using *ir a* + infinitive with the imperfect and preterite

- To say what someone was going to do or what was going to happen, use **ir** in the imperfect followed by **a** + an **infinitive.**

  Yo **iba a ver el precio...**   *I was going to look at the price...*

- Use another verb in the **preterite** to complete sentences such as the one above.

  Yo iba a ver el precio pero **se cayó** la etiqueta.
  *I was going to look at the price, but the price tag **fell**.*

- Use the **imperfect** to give more background information.

  Íbamos a ir de compras, pero **estaban cerradas** las tiendas.
  *We were going to go shopping, but all of the stores **were closed**.*

---

8 Estos jóvenes dicen por qué no pudieron hacer lo que habían planeado *(had planned)*. Empareja cada frase de la columna de la izquierda con la frase correspondiente en la columna de la derecha.

_____ **1.** El domingo pasado mi hermana y yo íbamos a ir de compras,

_____ **2.** Fernando y Juan iban a comprar un traje,

_____ **3.** Nosotras íbamos a cambiar unas blusas,

_____ **4.** Yo no iba a comprar nada,

_____ **5.** Tú ibas a regatear,

_____ **6.** Rodrigo iba a ver el precio de la corbata,

a. pero perdimos el recibo.
b. pero en esa tienda no bajaban los precios.
c. pero encontré una venta de liquidación.
d. pero no les gustó ninguno.
e. pero el cajero cortó la etiqueta.
f. pero ella se sintió mal.

9 Tu mamá te está preguntando por qué no hiciste varias cosas. Contesta sus preguntas.

1. ¿Por qué no fuiste al mercado?

Iba a _____ pero _____.

2. ¿Por qué no te probaste el traje?

Iba a _____ pero _____.

3. ¿Por qué no pagaste con el dinero que recibiste para tu cumpleaños?

Iba a _____ pero _____.

4. ¿Por qué no comiste el pollo que estaba en el refrigerador?

Iba a _____ pero _____.

Comparatives and superlatives

- When comparing actions that are not equal, use **más** + (**adverb**) + **que** or **menos** + (**adverb**) + **que**.

  Ahora voy de compras **menos frecuentemente que** antes.
  *Now I go shopping **less frequently than** before.*

- When comparing actions that are equal, use **tan** + (**adverb**) + **como**.

  Esa tienda cobra **tan poco como** ésta.   *That store charges **as little as** this one.*

- Use the following formula for the superlative:

  el / la / los / las + (**noun**) + **más / menos** + (**adjective**)
  Quiero comprar **las corbatas más baratas** de la tienda.
  *I want to buy **the cheapest ties** in the store.*

- When you need to say *the best, the worst, the oldest,* or *the youngest,* use the following formula:

  el / la / los / las + **mejor(es) / peor(es) / mayor(es) / menor(es)** + (**noun**) + **de**
  Esa tienda tiene **los mayores descuentos de** la zona.
  *That store has **the best discounts in** the area.*

- To say that something is extremely good, bad, or interesting, add the ending **-ísimo/a/os/as** to the adjective.

  Esta falda me queda apretad**ísima**.   *This skirt is **very tight** on me.*

---

10 Carlos y sus hermanos fueron de compras este fin de semana. Completa las oraciones con una expresión apropiada.

MODELO Ese centro comercial es pequeño y no tiene muchas tiendas.
       Es el **peor** (mejor / peor) de la ciudad.

1. Raúl y Lorena escogieron ropa bonita. Lorena sabe escoger ropa

   _____ (tan bien como / tan mal como / tan como) Raúl.

2. La tienda Maribel tiene cosas bonitas y a buen precio. Es la

   _____ (peor / mejor / mayor) tienda del centro comercial.

3. Carlos terminó sus compras antes que Raúl. Carlos compró

   _____ (más lento que / más rápidamente que / tan lento como) Raúl.

4. La zapatería Rojas tiene zapatos muy lindos. Sus zapatos son

   _____ (lindísimos / menos lindos / tan lindos como).

Tiendas y puestos

En el mercado al aire libre...

11 En los mercados al aire libre se pueden encontrar muchas cosas diferentes. Luz y Juan están en el mercado. Completa lo que dicen.

1. Mira esas _____. Hacen juego con mi vestido de gala.
    a. joyas   **b.** hamacas   **c.** máscaras

_____ **2.** Pero son de plata. Las de ____ son más elegantes.
    a. plástico   **b.** paja   **c.** oro

_____ **3.** Vamos a otro ____. Quiero ver adornos.
    a. artículo de cuero   **b.** collar   **c.** puesto

_____ **4.** Estas figuras no están hechas en una fábrica. Están hechas ____.
    a. bordadas   **b.** de vidrio   **c.** a mano

_____ **5.** ____ se va a ver bien en la pared de la sala.
    a. Esa corbata   **b.** Esa pintura   **c.** Ese mantel

_____ **6.** En este lugar ____ se hacen con barro.
    a. las hamacas   **b.** las cerámicas   **c.** los tejidos

12 Lee lo que escribe Vanesa sobre su visita al mercado al aire libre. Luego lee las frases de abajo y decide si son **ciertas** o **falsas**.

Esta mañana fui a un mercado de artesanías de Santiago. ¡Fue increíble! Había muchos puestos y mucha gente allí. Buscaba un collar para mi hermana, pero cuando pasé por un puesto donde había manteles bonitos, decidí entrar. Me gustó un mantel bordado y le pregunté el precio a la dependiente. Ella me dijo que costaba 20.000 pesos. Cuando vi que tenía solamente 18.000 pesos, empecé a regatear. ¡Después de dos minutos de conversación, ella me dio un descuento de 6.000 pesos! Caminé por el mercado, buscando el regalo para mi hermana. Y allí en el último puesto, encontré algo perfecto: un collar de plata que estaba en oferta. ¡Lo compré por 3.000 pesos, así que salí del mercado con un poco de dinero!

_____ **1.** Vanesa fue al mercado hoy.

_____ **2.** Había muchas personas en el mercado.

_____ **3.** La vendedora no quería regatear.

_____ **4.** Ella encontró el regalo para su hermana antes de comprar el mantel.

_____ **5.** Vanesa salió del mercado con 1.000 pesos.

VOCABULARIO 2

13 Completa el crucigrama *(crossword puzzle)* usando las pistas *(clues)* de abajo.

HORIZONTAL

2. Las paredes pueden ser de...

6. Las cestas pueden ser de...

7. Las chaquetas pueden ser de...

8. Los adornos pueden ser de...

VERTICAL

1. Los vasos pueden ser de...

2. Los juguetes pueden ser de...

3. Los manteles pueden ser de...

4. Los collares pueden ser de...

5. Las figuras talladas pueden
   ser de...

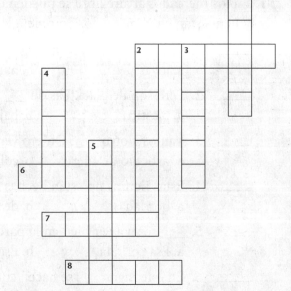

14 Una señora y un vendedor regatean en el mercado. Empareja cada frase de la columna de la izquierda con la frase correspondiente en la columna de la derecha.

_____ 1. Perdón señora,

_____ 2. Estoy buscando

_____ 3. Tenemos un gran

_____ 4. Me gustan mucho

_____ 5. ¿Cuánto

_____ 6. Si compra las tres,

_____ 7. ¿Cuánto me puede

_____ 8. Cien pesos, y

a. es mi última oferta.

b. valen?

c. le puedo dar un precio especial.

d. ¿en qué le puedo servir?

e. estas cadenas de plata.

f. un regalo para una amiga.

g. rebajar?

h. surtido de artículos.

VOCABULARIO 2

15 Carolina y Omar están en el mercado del pueblo buscando algunos regalos para llevar a casa. Completa las conversaciones con las expresiones del cuadro.

última oferta	mantel bordado	rebajar el precio	cuánto vale
adorno de cerámica	se los dejo	está en venta	pintura
gran surtido	un precio especial		

MODELO Quiero comprar una **pintura** para mi abuela.

—Yo quiero un (**1**)_____ para mi mamá.

—Mire, tenemos un (**2**)_____ de artesanías.

—(**3**) ¿_____ este adorno rojo?

—Si compra dos, le voy a dar (**4**)_____.

(**5**)_____ en veinte mil pesos.

—¿Cuánto vale ese (**6**)_____ con encaje?

—Lo siento, no (**7**)_____.

—¿Me puede (**8**)_____ de este pantalón de cuero?

—Bueno, se lo regalo por treinta mil pesos, pero es mi (**9**)_____.

16 Imagina que estás en un mercado al aire libre con un amigo. Pregúntale su opinión sobre artículos diferentes. Completa las conversaciones con el vocabulario de esta sección. Sigue el modelo.

MODELO —¿Cuál prefieres, esta **cesta de paja o la de plástico?**
         —Francamente, prefiero **la de paja.**

1. —¿Cuál te gusta más, este _____?

   —Me gusta más _____.

2. —¿Cuáles prefieres, estos _____?

   —Prefiero _____.

3. —¿Cuáles te gustan más, estas _____?

   —Me gustan más _____.

4. —¿Cuál prefieres, esta _____?

   —Francamente, prefiero _____.

Tiendas y puestos

Por and *para*

* Uses and meanings of **por** are:

  * *all over, by, through(out), along* or *in* a general area;
    Pasamos **por** el parque.   *We walked **through** the park.*
  * *for* or *during* a period of time;
    Bailé **por** cuatro horas.   *I danced **for** four hours.*
  * *for* in the sense of *because of* or *due to* something;
    Gracias **por** comprar los aretes.   *Thanks **for** buying the earrings.*
  * *(in exchange) for* when exchanging or buying something;
    Compré esta falda **por** $10.   *I bought this skirt **for** $10.*
  * *through* something or *by (means of)* something;
    Tengo que salir **por** aquí.   *I have to leave **through** here.*

* Uses and meanings of **para**:

  * *to* or *towards* a place;
    Esta calle va **para** la estación.   *This street goes **towards** the station.*
  * *to* or *for* to indicate a goal or purpose;
    Compré zapatos **para** jugar al tenis.   *I bought shoes **to** play tennis.*
  * *to* or *for* a person or thing;
    Este collar es **para** ti.   *This necklace is **for** you.*

---

17 Completa cada oración con **por** o **para**.

MODELO Pasé **por** el mercado **para** comprar una hamaca.

1. ¿_____ qué necesitas el carro? Yo voy _____ ti.

2. Cambié el collar que compré _____ doscientos pesos,
   _____ unos aretes de plata.

3. ¿Vamos bien _____ el Mercado Malibrán? Nos dijeron que estaba
   _____ aquí.

4. Ya tengo mi vestido _____ la fiesta de mañana, pero me falta pasar
   _____ los zapatos.

5. Gracias _____ el mantel; es perfecto _____ mi mesa.

6. Vamos _____ el cine a ver películas _____ cuatro horas.

7. Este regalo es _____ mi hermano.

8. Siempre entramos a la casa _____ la puerta del garaje.

Nombre _____ Clase _____ Fecha _____

GRAMÁTICA 2

CAPÍTULO 8

Demonstrative adjectives; adverbs of place

- To talk about a person or thing that is far away from the speaker, use **aquel**.

	that	those	that (farther away)	those (farther away)
masculine	ese	esos	aquel	aquellos
feminine	esa	esas	aquella	aquellas

—¿Quieres ver los adornos? *Do you want to see the decorations?*
—¿Los de ese puesto? *The ones from that stand?*
—No, los de **aquel** puesto. *No, the ones from that stand **over there**.*

- **Aquel** is also used to refer to the distant past.

  En **aquellos días,** los mercados eran muy importantes.
  *In **those days,** markets were very important.*

- The adverbs **aquí/acá** and **allí/allá** are also used to say where someone or something is. **Aquí** and **allí** are used to point out an exact place.

  ¡Párate **aquí**! *Stop **here**!*
  Yo viví en Argentina. **Allí** se come mucha carne.
  *I lived in Argentina. They eat a lot of meat **there**.*

18 Luis y su papá están en el mercado donde hay muchas cosas que ver. Escribe oraciones con las palabras que se dan. Usa los adjetivos demostrativos apropiados. Sigue el modelo.

MODELO mercado / cosas de cerámica (lejos)
　　　　　　En ese mercado hay cosas de cerámica.

1. puestos / figuras talladas (muy lejos)

   _____

2. cestas / hechas a mano (lejos)

   _____

3. venden joyería / tienda (muy lejos)

   _____

4. tejido / oferta (muy lejos)

   _____

5. ropa de cuero / tienda (lejos)

   _____

6. hamacas / cómodas (muy lejos)

   _____

GRAMÁTICA 2

Adjectives as nouns

- Instead of repeating a noun, use an article followed by an adjective phrase.

   —¿Compraste los aretes de plata?   *Did you buy the silver earrings?*
   —No, compré **los de oro**.   *No, I bought **the gold ones**.*
   —Esta cerámica es **la más bonita**.   *This pottery is **the prettiest**.*

- Use a demonstrative pronoun (a demonstrative adjective with an accent mark: **éste, ése, aquél**) to avoid repeating a noun.

   —Esta cesta es más bonita que **aquélla**.
   —*This basket is prettier than **that one**.*
   —Sí, porque **ésta** está tejida a mano.
   —*Yes, because **this one** is woven by hand.*

---

19 Completa las siguientes oraciones. Escoge la palabra correcta.

_____ 1. Esta pintura tiene vidrio. ____ de allí no.
     a. Aquélla   **b.** Esa   **c.** Aquella

_____ 2. Estos manteles están bordados. ____ que están muy lejos no lo están.
     a. Aquellos   **b.** Aquéllos   **c.** Esos

_____ 3. Es cierto, ____ que tengo aquí sí están bordados.
     a. esos   **b.** éstos   **c.** aquéllos

_____ 4. Estas joyas cuestan más que ____ de allí enfrente.
     a. esas   **b.** aquellas   **c.** aquéllas

_____ 5. Sí, es porque ____ que tengo aquí son de oro.
     a. estas   **b.** éstas   **c.** esas

_____ 6. Este tejido es más grande que ____ que vimos el otro día.
     a. aquel   **b.** este   **c.** aquél

_____ 7. No compré el plato de madera. Compré ____ de cerámica.
     a. la   **b.** el   **c.** los

_____ 8. Busco unos zapatos de cuero. ____ de plástico no me gustan.
     a. Aquél   **b.** Las   **c.** Los

_____ 9. Las joyas de oro son caras. ____ de plata cuestan menos.
     a. Las   **b.** Aquellas   **c.** La

A nuestro alrededor

1 Mira las palabras del cuadro. Decide si cada palabra representa un animal que vuela *(flies)*, un animal que no vuela o si no es un animal. Escribe cada palabra en la columna apropiada.

búho terremoto coyote granizo tormenta lagarto buitre pájaro lobo

Es un animal que vuela:	**Es un animal que no vuela:**	**No es un animal:**
_____	_____	_____
_____	_____	_____
_____	_____	_____

2 Escoge la palabra o frase que completa cada oración sobre cosas de la naturaleza.

_____ 1. ___ es una planta que vive en lugares secos.
   a. El buitre   **b.** El cactus   **c.** La niebla

_____ 2. Durante una tormenta, escuchas el trueno y ves los ___.
   a. relámpagos   **b.** lagartos   **c.** terremotos

_____ 3. Cuando hay mucha ___, no se ve muy bien.
   a. brisa   **b.** niebla   **c.** piedra

_____ 4. En el otoño, ___ se caen al suelo *(ground)*.
   a. los árboles   **b.** las piedras   **c.** las hojas

_____ 5. Si llueve sólo un poco, se dice que está ___.
   a. nevando   **b.** huyendo   **c.** lloviznando

3 Lee cada oración y escribe el lugar que está describiendo.

_____ 1. Es un lugar muy alto adonde va la gente para hacer escalada deportiva y para esquiar. En el invierno, nieva mucho allí.

_____ 2. Es un lugar hecho de piedra donde no hay mucha luz. Normalmente los osos viven allí.

_____ 3. Es un lugar muy árido donde casi nunca llueve y hace mucho calor.

_____ 4. Es un lugar donde viven muchos peces. El Mississippi es un ejemplo.

_____ 5. Es un lugar donde hay muchos árboles altos y animales como osos y búhos.

VOCABULARIO 1

4 ¿Qué tiempo hace en los dibujos? Mira los dibujos y escribe una oración indicando qué tiempo hace.

MODELO Viene una tormenta.

1. _____

2. _____

3. _____

4. _____

5. _____

6. _____

5 Contesta las siguientes preguntas en oraciones completas.

1. ¿Adónde fuiste de vacaciones durante el invierno?

_____

2. ¿Estaba húmedo?

_____

3. ¿Qué te pasó cuando dabas una caminata?

_____

4. ¿Qué hiciste cuando viste la serpiente?

_____

VOCABULARIO 1

6 Hugo pasó unos días en el bosque. Por la noche escribió en su diario lo que pasó durante el día. Completa lo que escribió con las palabras del cuadro.

lloviznando	águila	bosque	miedo	frío
gritar por ayuda	lobo	niebla	grados centígrados	caminata

Diario

19 de noviembre

Hoy, muy temprano, fuimos a dar una **(1)**_____ por el otro lado del

(2)_____. Hacía mucho **(3)**_____; había **(4)**_____

y estaba **(5)**_____. Nos dijeron que hacía 4 **(6)**_____.

Después de caminar un rato, vimos un **(7)**_____ que volaba cerca

de la montaña. Cuando regresamos vimos un **(8)**_____ cerca de

nosotros; la verdad es que nos dio un poco de **(9)**_____ , así que

decidimos correr y **(10)**_____. Fue un día interesante.

7 Escribe una oración para cada dibujo. Describe lo que ves en el dibujo.

1. _____

2. _____

3. _____

4. _____

A nuestro alrededor

Comparing quantities; adjectives as nouns

- Use **más que, menos que,** and **tanto como** after the verb to compare how much or how often something happens.

  Los osos duermen **más que** los lobos.   *Bears sleep **more than** wolves.*
  Los buitres vuelan **menos que** las águilas.   *Vultures fly **less than** eagles.*
  No camino **tanto como** antes.   *I don't walk **as much as** before.*

- Use the expressions **más… que, menos… que,** and **tanto(a/os/as)… como** with **nouns** to compare quantities.

  Hay **más** tornados en este lugar **que** huracanes.
  *There are **more** tornadoes here **than** hurricanes.*
  En el desierto hay **menos** coyotes **que** serpientes.
  *In the desert there are **fewer** coyotes **than** snakes.*
  Este invierno hubo **tantas** tormentas **como** el invierno pasado.
  *This winter there were **as many** storms **as** last winter.*

- Use **más, menos, tanto, tantos, tanta,** and **tantas** without the noun to avoid repetition.

  —He tenido mucho calor.   *I've been very hot.*
  —Aquí hace **menos** que en el desierto.   *It's **less hot** here than in the desert.*

---

8 Lee las oraciones y di si son ciertas o falsas basándote *(based)* en la lectura.

¿Qué tiempo hace?

El clima de mi ciudad no es el mismo de antes. Antes hacía mucho frío. Ahora hace mucho calor. Recuerdo que en el mes de octubre ya hacía mucho frío y no podíamos jugar afuera. Ahora podemos jugar afuera en el verano y también en el otoño. Este verano llovió muy poco. El verano pasado llovía todos los días y vimos más flores. Lo bueno es que este año sólo pasó un tornado, no como el año pasado en que tuvimos tres.

_____ 1. Ahora hace más frío que antes.

_____ 2. Ahora se puede jugar afuera en verano tanto como en otoño.

_____ 3. Este verano llovió más que el año pasado.

_____ 4. El año pasado hubo más tornados que este año.

_____ 5. Hace menos calor ahora que antes.

_____ 6. Este año vimos tantas flores como el año pasado.

Cuaderno de vocabulario y gramática

GRAMÁTICA 1

Using the preterite and imperfect to begin a story

- You have used the **preterite** and the **imperfect** to tell what people and things were like, to give background information, to set the scene, and to tell about what happened.

- When telling a story in the past, use both the preterite and the imperfect. Begin a story with the following expressions:

  Érase una vez   Había una vez   Hace unos (muchos, cinco…) años

- To say what happened in the past, use these expressions:

  de repente   en seguida   un día

  Érase una vez un joven a quien le **gustaba** dar caminatas por el bosque. Siempre **iba** con su perro. **Un día** se encontró con un lobo.
  Once upon a time, there was a boy who **liked** to take walks in the forest. He always **went** with his dog. **One day** he came upon a wolf.

---

9 Tía Rosita está de visita y les cuenta un cuento a sus sobrinos antes de dormir. Completa el cuento con las palabras del cuadro.

un día	érase una vez	estaba	pasó	salí	de repente	vio
pasaba	caminaba	perdió	necesitaba	vivía	preguntó	

MODELO **Érase una vez** un niño que **vivía** en El Paso.

(1)_____ se (2)_____ en el desierto. El pobre niño

(3)_____ muy preocupado. Caminaba y (4)_____ sin

saber qué hacer. Un cactus le (5)_____: "¿Qué te (6)_____?"

"Me perdí", dijo el niño, "y no sé cómo regresar a mi casa". (7)_____

el cactus (8)_____ un águila que (9)_____ volando y le dijo al

niño que lo (10)_____ seguir para poder encontrar el camino a su casa.

> **Preterite and imperfect to continue and end a story**
>
> • Remember the different uses of the **imperfect** and the **preterite**.
>
> • Use these phrases to continue your story:
>
>   **fue cuando**   **entonces**   **luego**   **después**
>
> • Use these phrases to end your story:
>
>   **por fin**   **al final**   **vivieron felices**   **así fue que**

10 Usa las frases y los verbos en imperfecto y en pretérito del cuadro, para completar esta versión del cuento "Ricitos de oro y los tres osos" (*"Goldilocks and the Three Bears"*).

De repente	sentó	era	Al final	Había
Un día	comió	vivían	salió	

(1)_____ una vez una niña que se llamaba Ricitos de oro.

(2)_____, Ricitos de oro (3)_____ a caminar por el bosque.

(4)_____ se encontró una casa que tenía la puerta abierta y entró en la casa, pues (5)_____ una niña muy curiosa. Allí había tres platos hondos de sopa, tres sillas y tres camas. Ricitos de oro se (6)_____ la sopa del plato más pequeño. Luego se (7)_____ en la silla más pequeña, ¡y la rompió! Después se acostó en la cama más pequeña y se durmió. En ese momento llegaron tres osos. ¡Ellos (8)_____ en esa casa! Ricitos de oro se despertó. Tenía mucho miedo. Entonces, salió corriendo por la ventana. (9)_____, Ricitos de oro y los tres osos se hicieron amigos, y todos vivieron felices para siempre.

11 Lee la historia de Blancanieves (*"Snow White"*) y escoge la forma correcta de los verbos entre paréntesis.

Érase una vez una muchacha que se llamaba Blancanieves, quien (1)_____ (vivía / vivió) con su madrastra *(stepmother)*. Blancanieves (2)_____ (era / fue) muy bonita. Un día, su madrastra le (3)_____ (preguntaba / preguntó) a su espejo: "¿Quién es la más bonita?" El espejo le (4)_____ (decía / dijo): "Blancanieves". La madrastra le (5)_____ (decía / dijo) a un cazador *(hunter)*: "Blancanieves tiene que morir". Pero él (6)_____ (era / fue) un hombre amable y no pudo hacerlo.

(102)

A nuestro alrededor

12 Completa el crucigrama usando las pistas de abajo.

HORIZONTAL

  3. Sacar peces del mar o del río.

  4. Lugar donde termina el mar. A veces hay una playa allí.

  7. Son para los ojos. (3 palabras)

VERTICAL

  1. Los usas para observar la naturaleza.

  2. Donde el lago empieza.

  5. Se encuentra en las playas.

  6. Calienta por las noches en un campamento.

13 Lucía no sabe para qué sirven los objetos de la derecha. Empareja cada objeto con su uso.

  _____ **1.** Lo que usas para cuidar la piel del sol.

  _____ **2.** Lo que usas para dormir cuando vas a hacer camping.

  _____ **3.** Lo que usas para sacar peces del río.

  _____ **4.** Te las pones cuando hace mucho sol.

  _____ **5.** Lo que usas para ver de noche.

  _____ **6.** Juegas con esto en la arena.

  _____ **7.** Lo que usas para ver cosas que están lejos.

a. la linterna
b. las gafas de sol
c. la caña de pescar
d. los binóculos
e. la crema protectora
f. la tienda de campaña
g. el balón de playa

VOCABULARIO 2

14 Miguel va a ir de vacaciones a la costa y habla de lo que se puede hacer allí. Escribe si lo que dice es **lógico** o **ilógico**.

MODELO **ilógico** Se puede hacer ecoturismo en un edificio.

_____ **1.** Para volar con ala delta, hay que subir a una montaña.

_____ **2.** Se puede remar en bote cuando el mar tiene muchas olas grandes.

_____ **3.** Si quieres explorar cuevas debajo del mar, debes saber bucear.

_____ **4.** Si sabes nadar bien, entonces puedes tirarte al agua.

_____ **5.** Puedes pescar tiburones y ballenas con una buena caña de pescar.

_____ **6.** No se necesita viento ni brisa para hacer windsurf.

15 Vas a ir a la costa y un amigo te pregunta qué vas a hacer allí. Contesta las preguntas. Escribe oraciones completas con las palabras entre paréntesis.

MODELO ¿Adónde irás este fin de semana? (costa)
Iré a la costa.

1. ¿Qué van a hacer tú y tus amigos si hay viento? (windsurf)

_____

2. ¿Qué vas a hacer en el mar? (bucear / peces)

_____

3. ¿Qué vas a hacer si hay marea baja? (caracoles / arena)

_____

4. ¿Adónde van tu familia y tú? (ballenas)

_____

5. ¿Qué más van a hacer allí? (ecoturismo)

_____

6. ¿Qué van a hacer tú y tu familia en el mar? (jugar / olas)

_____

7. ¿Qué van a hacer si hay tiburones? (orilla)

_____

(104)

16 El papá de Manuel viaja mucho y siempre se pregunta *(wonders)* cómo será el clima en los lugares a los que va. Contesta sus preguntas. Usa palabras como **será, hará** o **habrá.**

MODELO ¿Cómo será el clima en el desierto de Nevada?

Hará mucho calor.

¿Cómo será el clima...

1. en la costa de Florida?

   _____

2. en los bosques de California?

   _____

3. en el estado de Texas?

   _____

4. en las montañas de Alaska?

   _____

5. en una isla tropical?

   _____

17 Mi compañero de cuarto está nervioso porque mañana se va de viaje. Completa lo que dice con las palabras del cuadro.

mañana	estarán	hará	crema protectora
ecoturismo	divertido	clima	binóculos

MODELO **Mañana** voy a Cancún.

—No sé cómo será el **(1)**_____ de la costa. ¿**(2)**_____ mucho calor? Espero poder hacer un poco de **(3)**_____. ¿Dónde **(4)**_____ mis gafas de sol y mi **(5)**_____? Quiero observar la naturaleza. Voy a tener que llevar mis **(6)**_____. Creo que mi viaje va a ser muy

(7)_____.

A nuestro alrededor

Subjunctive mood for hopes and wishes

- Use the **subjunctive mood** to talk about something you *hope* or *wish for*

- When **que** is used to join one sentence to another to express a hope or wish, the verb after **que** is in the **subjunctive**.

    Marta **desea** *que* las olas **sean** grandes.

- To form the **present subjunctive,** add the following **endings** to the present indicative **yo** form.

	-ar	-er	-ir
yo	compre	conozca	salga
tú	compres	conozcas	salgas
Ud., él, ella	compre	conozca	salga
nosotros(as)	compremos	conozcamos	salgamos
vosotros(as)	compréis	conozcáis	salgáis
Uds., ellos, ellas	compren	conozcan	salgan

- Some verbs are irregular in the **subjunctive**.

ir		ser		volver (ue)	
vaya	vayamos	sea	seamos	vuelva	volvamos
vayas	vayáis	seas	seáis	vuelvas	volváis
vaya	vayan	sea	sean	vuelva	vuelvan

---

18 Raúl y su familia están de vacaciones. ¿Qué prefiere hacer cada uno? Usa el subjuntivo del verbo entre paréntesis para completar cada oración.

MODELO Alicia espera que la isla **sea** maravillosa. (ser)

1. Raúl espera que su papá _____ (comprar) unos binóculos.

2. Mariana quiere que todos _____ (conocer) cuevas.

3. El hermano menor quiere que tú _____ (salir) a caminar por la playa.

4. Yo quiero que papá _____ (ir) a la tienda por cañas de pescar.

5. Él prefiere que yo _____ (ir) a comprarlas.

6. Mamá espera que nosotros _____ (volver) a tiempo para ir a la escuela.

(106)

GRAMÁTICA 2

Subjunctive of stem-changing -ir and irregular verbs

- Use the **subjunctive mood** after the expression **ojalá que.**

    Ojalá que (tú) **pidas** ese regalo.

- Stem changing **-ir** verbs have the following **stem changes** in the subjunctive.

	dormir(o → **ue, u**)	sentirse(e → **ie, i**)	pedir(e → **i**)
yo	d**ue**rma	me s**ie**nta	p**i**da
tú	d**ue**rmas	te s**ie**ntas	p**i**das
Ud., él, ella	d**ue**rma	se s**ie**nta	p**i**da
nosotros(as)	d**u**rmamos	nos s**i**ntamos	p**i**damos
vosotros(as)	d**u**rmáis	os s**i**ntáis	p**i**dáis
Uds., ellos, ellas	d**ue**rman	se s**ie**ntan	p**i**dan

- The verbs **estar, dar,** and **saber** have irregular endings in the subjunctive. The verb **haber** has only one form: **haya.**

	estar	**dar**	**saber**
yo	est**é**	d**é**	sepa
tú	est**és**	des	sepas
Ud., él, ella	est**é**	d**é**	sepa
nosotros(as)	est**emos**	demos	sepamos
vosotros(as)	est**éis**	deis	sepáis
Uds., ellos, ellas	est**én**	den	sepan

19 Sonia habla con su mamá sobre sus próximas vacaciones y le dice lo que quiere. Completa el diálogo con el subjuntivo de los verbos entre paréntesis.

MODELO Espero que **vayamos** (nosotros / ir) de camping al bosque.

—Ojalá que (**1**)_____ (papá / saber) poner la tienda de campaña.

—Tú papá quiere que (**2**)_____ (ustedes / remar) en el lago.

—Sí, vamos a remar, pero ojalá que no (**3**)_____ (haber) viento.

—Vamos a ver las noticias del tiempo para que (**4**)_____ (nosotros / saber) qué podemos hacer.

—Está bien. Sólo espero que papá no nos (**5**)_____ (él / pedir) en la mañana que (**6**)_____ (nosotros / nadar). ¡El agua está muy fría!

—Ojalá que cuando (**7**)_____ (nosotros / estar) allá no

(**8**)_____ (tú / dormir) hasta tarde.

(**107**)

GRAMÁTICA 2

The future tense

- Use the future tense to say what **will** or **will not** happen. Add these endings to the infinitive of a verb to form the **future tense.**

	estar	ver	ir
yo	estar**é**	ver**é**	ir**é**
tú	estar**ás**	ver**ás**	ir**ás**
usted, él, ella	estar**á**	ver**á**	ir**á**
nosotros(as)	estar**emos**	ver**emos**	ir**emos**
vosotros(as)	estar**éis**	ver**éis**	ir**éis**
ustedes, ellos, ellas	estar**án**	ver**án**	ir**án**

Irán a bucear antes de irse.   *They **will go** scuba diving before they leave.*

- The future of **hay** is **habrá** *(there will be).*

- These verbs have an irregular stem in the future tense.

decir: **dir-**	poner: **pondr-**	valer: **valdr-**
hacer: **har-**	querer: **querr-**	venir: **vendr-**
poder: **podr-**	salir: **saldr-**	tener: **tendr-**

En la costa **querrás** remar y **dirás** que es muy fácil.
*On the coast, **you'll want** to row and **you will say** that it's very easy.*

- The future tense is also used to say *what is likely to happen.*

Te **sentirás** muy feliz.   *You **will probably be** very happy.*

20 Tu hermano tiene muchas preguntas sobre las vacaciones de tu familia. Contesta cada pregunta con oraciones completas usando otro verbo en el futuro.

MODELO —¿Bucearás en el mar?
   —**No, no bucearé pero iré a pescar.**

1. ¿Tú y yo pescaremos?

   _____

2. ¿Mamá y Papá se bañarán en el mar?

   _____

3. ¿Me enseñarás a pescar?

   _____

4. ¿Observarás la naturaleza?

   _____

5. ¿Tú y tus amigos explorarán cuevas?

   _____

(108)

De vacaciones

1 Marcos y Julieta juegan a las adivinanzas *(riddles)*. Marcos describe algo y Julieta le dice qué es. Escribe la parte de Julieta. Usa las palabras del cuadro.

el plano de la ciudad	la cabina telefónica	tomar un taxi	la guía turística
quedarte con parientes	el rollo de película	hacer una llamada por cobrar	

MODELO Marcos Si quieres llamar por teléfono y no tienes dinero, puedes...
Julieta hacer una llamada por cobrar.

Marcos Si no tienes carro puedes...

Julieta _____

Marcos Para saber la distancia *(distance)* de un lugar a otro, puedes ver...

Julieta _____

Marcos Si no quieres pagar un hotel, puedes...

Julieta _____

Marcos Si quieres saber cuáles son los lugares para visitar, debes tener...

Julieta _____

Marcos Para poder sacar fotos con una cámara, necesitas...

Julieta _____

Marcos Para hacer una llamada desde la calle, usas...

Julieta _____

2 Estos turistas piden y reciben algunas recomendaciones. Escribe la letra de la oración que corresponda según el contexto.

_____ **1.** ¿Qué hotel me recomienda?

_____ **2.** ¿Dónde puedo hacer una llamada por cobrar?

_____ **3.** ¿Qué restaurante me recomienda?

_____ **4.** ¿Debo tomar un autobús para llegar ahí?

_____ **5.** ¿Y qué se hace por aquí?

_____ **6.** ¿Se puede recorrer el puerto en lancha?

a. ¿Ha comido en "La casa bonita"? La comida es muy rica.

b. Si todavía no ha ido al acuario, debe ir. Es uno de los mejores.

c. Yo le aconsejo que tome un taxi; no son caros.

d. Hay una cabina telefónica en la esquina.

e. Sí, pero necesita hacer una reservación.

f. Hay uno bonito y muy limpio cerca de aquí.

VOCABULARIO 1

3 Unos amigos están de viaje y hablan de lo que van a hacer. Mira los dibujos y completa las oraciones.

MODELO ¿Crees que esta cantidad de

dinero **en efectivo** es suficiente?

1. _____   2. _____   3. _____

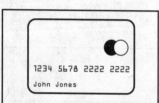

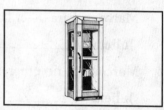

4. _____   5. _____   6. _____

1. Tengo que _____ los cheques de viajero antes de pagar.

2. ¿Por qué no vamos a _____ sobre los horarios de los bancos?

3. Sí, vamos a la _____. Ahí también dan información sobre los lugares que queremos visitar.

4. Aquí no se aceptan _____. Pago con cheques de viajero.

5. Necesito ir a los _____ antes de salir.

6. ¿Dónde puedo _____?

4 Completa cada oración con la palabra o frase apropiada.

_____ 1. Si estás visitando una ciudad por primera vez, eres un ___.

  a. taxista   **b.** guía   **c.** turista

_____ 2. Para pagar en efectivo, necesitas ___.

  a. billetes   **b.** botones   **c.** aseos

_____ 3. Cuando llegas a un hotel, el ___ puede ayudarte con tu equipaje.

  a. recepcionista   **b.** farmacéutico   **c.** botones

_____ 4. Puedes hospedarte en un hotel, un albergue juvenil o ___.

  a. una embajada   **b.** una pensión   **c.** una cabina

5 Te encuentras con un turista que quiere información. Contesta las preguntas con oraciones completas con las palabras entre paréntesis.

> **MODELO** ¿Sabe usted cuánto cuesta el metro? (no estar seguro / barato)
> No estoy seguro, pero es barato.

1. ¿Me podría decir a qué hora llega el botones? (hoy / no venir a trabajar)

   _____

2. Disculpe, ¿dónde hay un albergue juvenil por aquí? (hay cerca / enfrente del museo)

   _____

3. ¿Sabe usted dónde puedo comprar una guía turística? (vender / quiosco)

   _____

4. ¿Me podría decir si hoy abre el teatro? (no sé / averiguar / ayuntamiento)

   _____

5. Disculpe, ¿sabe Ud. cuánto cuestan las entradas? (por supuesto / gratis)

   _____

6. ¿Dónde están los aseos en este edificio? (primer piso / izquierda)

   _____

6 Unos estudiantes están en el centro de una ciudad que visitan y piden información en lugares diferentes. Escribe una pregunta diferente para cada lugar.

> **MODELO** banco   **Disculpe, ¿a qué hora cierra el banco?**

1. farmacia _____

2. pensión _____

3. aseos _____

4. tienda _____

5. oficina de turismo _____

6. quiosco _____

7. museo _____

De vacaciones

The present perfect

- Use the present perfect to...

    - say what has or has not happened in the time leading up to the present.
    Todavía no **ha comprado** los boletos.   *He **hasn't bought** the tickets yet.*
    - talk about something that happened very recently.
    Hemos comido en este restaurante.   *We've eaten in this restaurant.*

- The present perfect is formed with the present tense of the verb **haber** followed by the past participle of the main verb.

yo	he subido	nosotros/as	hemos subido
tú	has subido	vosotros/as	habéis subido
Ud., él, ella	ha subido	Uds., ellos, ellas	han subido

- Add the ending **-ído** to **-er/-ir** verbs with stems ending in **-a, -e,** or **-o** to form the past participle.

    Nunca me **he reído** tanto.   *I **have never laughed** as much.*
    The past participle of the verb **ir** is **ido**.

- Reflexive and object pronouns go before the conjugated form of **haber** in the present perfect.

    Necesito la guía turística. **¿La has visto?**   *I need the guide book. **Have you seen it?***

---

7 Laura quiere saber de ti y de tus amigos. Con las palabras abajo, escribe oraciones en el presente perfecto para explicarle qué han hecho hoy tú y tus amigos.

MODELO Yo / tomar taxi / centro **Yo he tomado un taxi para ir al centro.**

1. Clara / viajar a Canadá / avión

    _____

2. Roberto y yo / pedir información / albergue juvenil

    _____

3. Yo / comprar entradas / museo

    _____

4. Jaime y Frida / llamar recepcionista / pedirle llave

    _____

5. Luis y yo / perder tarjeta de crédito / pensión

    _____

(112)

GRAMÁTICA 1

> ### Irregular past participles
>
> • Some verbs have irregular past participles.
>
> | | | |
> |---|---|---|
> | romper: **roto** | decir: **dicho** | ver: **visto** |
> | abrir: **abierto** | hacer: **hecho** | escribir: **escrito** |
> | morir: **muerto** | volver: **vuelto** | poner: **puesto** |
> | revolver: **revuelto** | | |
>
> No **he abierto** la carta que recibí.   *I **haven't opened** the letter I received.*

8 La familia Gómez está de vacaciones en la playa. Escribe lo que han hecho.

   MODELO Raúl / hacer windsurf   **Raúl ha hecho windsurf.**

   1. Marta / escribir cartas

   _____

   2. Los señores Gómez / volver temprano al hotel

   _____

   3. Tú / ver peces

   _____

   4. Roberto y yo / hacer castillos de arena

   _____

   5. Yo / poner las toallas en la arena

   _____

9 El tío Alberto está de vacaciones en Alaska, y te llama por teléfono. ¿Qué le preguntas? Usa las palabras entre paréntesis para hacer tus preguntas.

   MODELO (abrir / paquete)   **¿Has abierto el paquete que te mandé?**

   1. (ver / las fotos) _____

   2. (ponerse / la chaqueta) _____

   3. (escribir / la familia) _____

   4. (hacer / un tour) _____

   5. (volver / ese restaurante) _____

(113)

GRAMÁTICA 1

Subjunctive for giving advice and opinions

- Use these expressions followed by the subjunctive form of a verb for giving advice or an opinion.

  Es mejor que...   It's better to...
  Es buena idea que...   It's a good idea to...
  Es importante que...   It's important that...
  Es buena idea que llames a tus padres al llegar.

- Use these expressions followed by the subjunctive verb form to give advice.

  aconsejarle (a alguien) que...   to advise (someone) to...
  recomendarle (a alguien) que...   to recommend that (someone)...
  sugerirle (a alguien) que...   to suggest that (someone)...
  Te aconsejo que busques a la recepcionista en la mañana.

- Verbs ending in *-car*, *-gar*, *-zar*, *-ger*, and *-guir* have spelling changes in the subjunctive.

---

10 Dales a tus amigos un consejo lógico. Usa las expresiones del cuadro de arriba. Después escribe algo que no les recomiendas.

MODELO Voy a la playa. **Te sugiero que lleves el traje de baño.**
No te recomiendo que tomes demasiado sol.

1. Voy a leer la guía turística.

   _____

   _____

2. Voy a visitar varios museos.

   _____

   _____

3. Voy a ir al teatro.

   _____

   _____

4. Mi hermana va a sacar dinero del banco.

   _____

   _____

De vacaciones

11 Completa el crucigrama *(crossword puzzle)* usando las pistas *(clues)* de abajo.

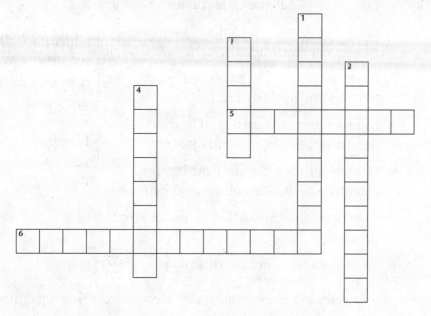

HORIZONTAL

5. Mount St. Helens y Mount Vesuvius son ejemplos de éstos.

6. Son aguas calientes. (2 palabras)

VERTICAL

1. Necesitas esta cosa para saltar de un avión.

2. Lugar con muchos árboles y animales; llueve mucho.

3. La gente que da caminatas por el campo hace esto.

4. Es un lugar donde cae mucha agua desde una montaña.

12 Completa cada oración con una palabra o frase apropiada.

1. Conocí a muchas personas porque me hospedé en un albergue juvenil.

_____ de una muchacha uruguaya y un muchacho argentino.

2. Me gusta el mar y quiero visitar muchas islas tropicales. Por eso voy a

_____ .

3. Hace dos años que no nos vemos. _____ de menos.

4. Tengo que mandar un correo electrónico. Voy a ir a _____ .

VOCABULARIO 2

13 Antes de salir de viaje, los padres de José y Lola quieren saber si sus hijos saben qué van a ver y conocer. Empareja cada oración de la columna izquierda con la palabra o frase correspondiente en la columna de la derecha.

_____ **1.** Lugar donde pueden comprar un plano y hacer reservaciones.

_____ **2.** Lugar donde pueden nadar en el mar, tomar el sol, bucear y jugar.

_____ **3.** Es un viaje en un barco grande, que tiene habitaciones y restaurantes.

_____ **4.** Es un lugar muy grande, tiene lugares abiertos y allí pueden observar la naturaleza.

_____ **5.** Lugar que tiene mesas y sillas, donde se puede tomar té y otras bebidas.

_____ **6.** Se necesita tener mucho cuidado para no lastimarse.

> **a.** parque nacional
> **b.** saltar en paracaídas
> **c.** oficina de turismo
> **d.** crucero
> **e.** café
> **f.** costa

14 Durante su viaje, Lola le escribió un correo electrónico a su amiga Alina. Escoge la palabra entre paréntesis que mejor completa cada oración.

Nuevo Mensaje `_ □ ×`

| Archivo | Editar | Ver | Insertar | Formato | Herramientas | Mensaje | Ayuda |

Enviar   Cortar   Copiar   Pegar   Deshacer   Deletrear   Adjuntar   Prioridad

A: _____
Cc: _____
Asunto: _____

▼ ▼ ▤ **B** *I* U̲ A̲ | ⅲ ⅲ ⅲ ⅲ | ▤ ▤ ▤ ▤

(1)_____ (Querida / Querido) Alina:

(2)_____ (Quiero / Espero) que estés bien. Yo he **(3)**_____ (hecho / echo) muchas cosas en este viaje. **(4)**_____ (Fui / Visité) la ciudad, donde compré unos **(5)**_____ (recuerdos / cafés) de cerámica muy bonitos. Después fuimos a la costa, donde tomamos un **(6)**_____ (senderismo / crucero). Nos bajamos en una isla donde había un

(7)_____ (paracaídas / volcán). Desde ahí se veían algunas personas que se bañaban en aguas **(8)**_____ (termales / de lluvia).

Estoy muy contenta, pero te **(9)**_____ (tengo / echo) mucho de menos.

Dale un **(10)**_____ (saludo / recuerdo) a Tere de mi parte.

Con cariño, Lola

---

(116)

VOCABULARIO 2

15 Dos amigos se encuentran después de un tiempo de no verse. Completa la conversación con las palabras del cuadro.

explorar	noticias	repente	cuéntame	crucero	digas
paso	senderismo	sabías	creer	estás	volcán

—¿Cómo (1)_____? Hace mucho que no te veo.

—Muy bien. Cuéntame, ¿qué (2)_____ tienes de Miguel?

—No lo vas a (3)_____. ¡Está tomando un (4)_____ por el Caribe!

—¡No me (5)_____! Qué bien.

—¿(6)_____ que en el verano fui a (7)_____ la selva en América del Sur?

—No lo sabía. (8)_____ lo que (9)_____ durante tu viaje.

—Algo muy emocionante *(exciting)*. El tercer día nos llevaron a hacer

(10)_____. De (11)_____, un (12)_____ que estaba cerca hizo erupción *(erupted)*...

16 Una persona habla por teléfono y tú sólo escuchas lo que responde. Escribe una pregunta para cada respuesta.

MODELO ¿Sigues pensando en visitar Argentina?
          Sí, estoy planeando lo que voy a hacer allá.

1. _____
   No lo vas a creer, pero toma baños en aguas termales.

2. _____
   ¡No me digas!

3. _____
   No, estaba pensando en ir a un cibercafé.

4. _____
   Eran como las diez de la mañana. De repente cayó una tormenta.

5. _____
   A la selva de Iguazú.

6. _____
   Aprendí sobre los animales y vi las cataratas.

De vacaciones

GRAMÁTICA 2

The preterite and imperfect

- Use the preterite to talk about the past:
    - on a specific occasion or a specific number of times;
    Nadé en la playa **en el verano.**　*I **swam** at the beach **in the summer.***
    - for a specific period of time;
    Sólo **estuve** en el parque **dos horas.**　*I **was** only at the park **for two hours.***
    - in a sequence of events;
    Paramos un taxi y nos **subimos.**　*We **stopped** a taxi and **got in.***
    - as a reaction to something else.
    Sentí miedo cuando lo **vi.**　*I **was** scared when I **saw** it.*

- Use the imperfect to:
    - say what people, places, or things were generally like;
    Hace unos días no **hacía** tanto calor.　*A few days ago, it **wasn't** this hot.*
    - say what used to happen for an unspecified period of time;
    Nosotros siempre **viajábamos.**　*We always **used to travel.***
    - set the scene;
    Tenía mucha hambre. No **encontraba** nada que comer.
    *He **was** hungry. He **couldn't find** anything to eat.*
    - to explain the background circumstances surrounding an event.
    Él **subía** la escalera y yo **bajaba.**
    *He **was going up** the stairs and I **was going down.***

---

17 Martín se fue de vacaciones y uno de sus amigos cuenta lo que hizo. Escoge la forma verbal correcta entre paréntesis para completar las oraciones.

Martín _____ (fue / iba) a Sevilla en abril. Él _____ (tuvo / tenía)

muchas ganas de conocer esa ciudad. _____ (Estuvo / Estaba)

muy contento y le _____ (parecía / pareció) un sueño *(dream)* estar allí. Se

_____ (hospedaba / hospedó) con unos parientes. Ellos le _____

(decían / dijeron) que en ese mes se _____ (celebraron / celebraban) las

fiestas de Sevilla. Martín se _____ (puso / ponía) muy contento cuando lo

oyó porque _____ (quiso / quería) ver como _____ (era / fue) esa

celebración. La gente _____ (estuvo / estaba) muy alegre. Todas las mujeres

_____ (iban / fueron) vestidas con trajes de colores y flores en el pelo.

Algunos _____ (llevaron / llevaban) ropa blanca y negra.

Holt Spanish 2

Cuaderno de vocabulario y gramática

GRAMÁTICA 2

The present progressive and the future

- To form the present progressive, combine a conjugated form of **estar** with the present participle. Use it to say **what is happening right now.**

  Ella está vendiendo las entradas.   She is selling the tickets

- Use the future tense to say what will happen or what is planned.

  Tomaremos un café y luego **nos iremos** al museo.
  *We **will have** a coffee and then **we will leave** for the museum.*

- Use the future tense to ask about or predict what might be happening.

  ¿**Habrán** ido al centro?   *I wonder if they have gone to the city.*

---

18 Rocío trabaja en el aeropuerto de Bogotá. Allí observa todo lo que pasa. Completa las oraciones usando el presente progresivo y los verbos del cuadro.

ayudar	caminar	trabajar	llegar
esperar	pasar	enseñar	conversar

MODELO La gente del aeropuerto **está trabajando.**

1. La familia _____ al aeropuerto.

2. Algunos taxistas _____ a bajar las maletas.

3. Nosotros _____ detrás del mostrador.

4. Los viajeros _____ sus boletos de avión.

5. Las maletas _____ por el control de seguridad.

6. En la sala, la gente _____ la salida del avión.

19 Dos hermanos se preguntan qué estará haciendo la gente que conocen. Escribe oraciones para decir o predecir lo que harán las personas.

MODELO Nuestros abuelos **estarán recorriendo Buenos Aires.**

1. Tú / hacerse amigo(a) _____

2. Nosotros / hospedarse _____

   _____

3. Nuestros amigos / explorar la selva _____

   _____

4. Yo / comprar recuerdos _____

5. Papá / hacer senderismo _____

GRAMÁTICA 2

The subjunctive

• Use the subjunctive after the following expressions:

querer que	Quiere que **vayas** al aeropuerto.
preferir que	Prefiero que no **salgamos** esta noche.
esperar que	Espero que **tengamos** buen tiempo.
ojalá que	Ojalá que **vayamos** con mis amigos.
recomendar que	¿Me recomiendas que **visite** esa ciudad?
aconsejar que	Te aconsejo que **lleves** cheques de viajero.
Es importante que	Es importante que nos **llames** mañana.
Es mejor que	Es mejor que no **salgan** de noche en este vecindario.
Es buena idea que	Es buena idea que **compres** una cámara.

• When the speaker is talking about him or herself, use an infinitive after **querer,** **preferir,** and **esperar.**

Espero salir del hotel temprano.   **Espero que salgas** del hotel temprano.
(subjunctive)

---

20 Estos viajeros te piden consejo. Hazle una recomendación a cada una de las personas. Usa expresiones del cuadro de arriba.

MODELO Dos jóvenes van a hacer camping.
   Es buena idea que lleven medicinas.

1. Una profesora va a visitar un museo.

   _____

2. Un niño de nueve años viaja solo en avión.

   _____

3. Dos estudiantes de tu colegio van a esquiar.

   _____

4. Unos jugadores de fútbol van a hacer senderismo.

   _____

5. Una familia va a las Cataratas de Iguazú.

   _____

6. Un grupo de parientes viaja a Europa.

   _____

7. Dos señoras van a bañarse en aguas termales.

   _____

(120)